学校に行きたくない君へ

全国不登校新聞社 編

ポプラ社

学校に行きたくない君へ

装画　西原理恵子
装丁　bookwall

はじめに

NPO法人全国不登校新聞社　代表理事　奥地圭子《おくちけいこ》

みなさんは「不登校新聞」という小さな新聞をご存じですか。タブロイド版八頁だて、月二回発行という小さな新聞ですが、わが国唯一《ゆいいつ》の不登校専門紙です。

この新聞の発刊に私が動いたきっかけは、一九九七年の夏休み明け、淡路島《あわじしま》と静岡での子ども・若者の自殺でした。また筑波《つくば》では、体育館が放火され、逮捕《たいほ》された少年達が「学校が焼けてなくなれば学校へ行かなくてすむと思った」と語ったことです。

私は、一九八四年から「登校拒否を考える会」という親の会を、一九八五年からフリースクール「東京シューレ」を開設していました。学校以外の場でも子どもは生き生きと育ち、自立していくことを知っていましたから、とてもショックでした。学校が苦しいと感じている子どもとそのご両親に、学校だけじゃないよ、いろいろに育つことができるよ、と知らせたいと強く思いました。そこで、一九九〇年に生まれていた登校拒否を考える全国ネットワークのみなさんに協力いただき、名古屋、大阪の支局、各地の通信員、母親発送ボランティアをお願いし、市民の手で不登校新聞を発刊にこぎつけ、一度の欠号もなく、今春二十周年を迎えました。創刊時、子ども編集部にいた石井志昂《しこう》さんが今では編集長です。

最も大切にしたのは、当事者の視点や思いで、当事者参加型の新聞をめざしました。不登校やひきこもり本人、保護者や支援者が知りたいこと、体験談、進路情報やフリースクール、不登校関係のニュースや催物《もよおしもの》など満載《まんさい》ですが、なかでも最も読まれているのがインタビュー記事です。

二十周年を迎えた今日、これまでのインタビュー記事から選びとった二十名の記事で、とても面白い本を世に送り出せることになりました。

インタビューの聞き手は、不登校・ひきこもりの当事者・経験者である子ども・若者編集部です。自分が本当に聞きたいことを聞くという真剣さが引き出すのか、二十名の方々の深い人生観に出会えました。樹木希林《ききききりん》さんの言葉をお借りすると、まさに「生き続けなきゃもったいない」なのです。インタビューと本への掲載《けいさい》を承諾《しょうだく》くださった二十名のみなさまに心よりお礼を申し上げます。

現編集長の石井志昂さんは、ご自身が不登校・フリースクール育ちです。彼のコラムと「不登校経験者に聞く」のページも合わせてお読みいただけたらと思います。それでは、どうぞ本編をお楽しみください。

目次 contents

難があってこそ育つ

樹木希林

聞き手＝子ども若者編集部

樹木希林（きき・きりん）

1943年、東京生まれ。18歳で劇団・文学座附属演劇研究所一期生となる。60歳過ぎて癌になり、セリフも覚えられなくなる。仕事の場を主に映画に移し、現在に至る。75歳になり後期高齢者という肩書を気に入っている。

――今日はありがとうございます。まずは一番気になっていることからお聞きします。なぜ「不登校新聞」に出ていただけるんですか。

樹木　いやあ〜、こんな新聞があるんだな、と。私も年を取りましたけど、まったく知りませんでしたから。最近はほとんど取材を受けてないんですが、ぜひ新聞をつくっている人に会えたらと思ったんです。

ただ、読んでみたらなんてことはない、私もその傾向《けいこう》があったなと思います。小さいころからほとんどしゃべらず、じーっと人影から他人を見ている、自閉傾向の強い子でした。当時は発達障害なんて言葉はなかったけど、近かったと思います。

夫・内田裕也《ゆうや》はありがたい存在

――私が取材したいと思ったのは、映画「神宮希林《じんぐうきりん》　わたしの神様」のなかで、夫・内田裕也さんについて「ああいう御《ぎょ》しがたい存在は自分を映す鏡になる」と話されていたからなんです。これは不登校にも通じる話だなと思いました。

樹木　あの話はお釈迦《しやか》さんがそう言ってたんです。お釈迦さんの弟子でダイバダッタという人がいます。でも、この人がお釈迦さんの邪魔《じやま》ばっかりする、というか、お釈迦さんの命さえ狙《ねら》ったりする。お釈迦さんもこれにはそうとう悩んだらしいですが、ある日、「ダイバダッタは自分が悟《さと》りを得るために難を与えてくれる存在なんだ」と悟るんです。

私は「なんで夫と別れないの」とよく聞かれますが、私にとってはありがたい存在です。ありがたいというのは漢字で書くと「有難い」、難《なん》が有る、と書きます。人がなぜ生まれたかと言えば、いろんな難を受けながら成熟していくためなんじゃないでしょうか。

今日、みなさんから話を聞きたいと思っていただけたのは、私がたくさんのダイバダッタに出会ってきたからだと思います。もちろん私自身がダイバダッタだったこともあります。ダイバダッタに出会う、あるいは自分がそうなってしまう、そういう難の多い人生に卑屈《ひくつ》になるのではなく受けとめ方を変える。

自分にとって具体的に不本意なことをしてくる存在を師として先生として受けとめる。受けとめ方を変えることで、すばらしいものに見えてくるんじゃないでしょうかね。

不自由なまま、おもしろがっていく

——そう思うきっかけはなにかあったのでしょうか？

樹木　やっぱりがんになったのは大きかった気がします。ただ、この年になると、がんだけじゃなくていろんな病気にかかりますし、不自由になります。腰が重くなって、目がかすんで歯もガタガタになって、ごはんがおいしくなくなる。

でもね、それでいいの。そうやって人間は自分の不自由さに仕えて成熟していくんです。若くても不自由なことはたくさんあると思います。それは自分のことだけではなく、他人だったり、ときにはわが子だったりもします。でも、その不自由さを何とかしようとするんじゃなくて、不自由なまま、おもしろがっていく。それが大事なんじゃないかと思うんです。

——なるほど、それでは樹木さんがどんな子ども時代を送ったのかを、お聞きし

てもいいでしょうか？

樹木　私が生まれたのは昭和18年1月15日、戦争の真っ最中でした。生まれたのは神田《かんだ》の神保町《じんぼうちょう》。母親はカフェをやっていて、父親は兵隊にとられていました。何度も住む場所を変えながら暮らしたそうです。

記憶に残っているのは、青梅街道《おうめかいどう》に面したバラック小屋。見渡すかぎりの掘《ほっ》建《た》て小屋のなかで、幼少期をすごしました。私が4歳ごろのある日、中2階の布団《ふとん》置き場で遊んでいたんです。そしたら、そこから落っこちてしまったんです。打ち所が悪かったんでしょうね、それからというもの毎晩おねしょをするようになりました。たしか10歳ぐらいまでは続きました。だから、私の家では毎朝、布団を干していたし、親戚《しんせき》の家に泊まりに行くときは油紙《あぶらがみ》持参（笑）。ビニールなんてなかったから。

それ以外で記憶にあるのは、いつも友だちがいなかったこと、一人で遊んでいたこと、幼稚園《ようちえん》に通うのがイヤだったこと、スポーツが苦手だったこと、人とはほとんどしゃべらなかったこと。しゃべらないのは近所でも評判でね。私がテレビに出始めたとき、まわりは嘘《うそ》だと思ったそうです。ほとんど声を聴いたことがないのにって（笑）。

まわりと自分を比べない

今ふり返ってみるとポイントだったと思うのが、小学6年生の水泳大会のとき。小学校6年生となれば、背泳ぎだ、クロールだ、とみんなすごいでしょ。私はからっきしダメ。なので水泳大会の「歩き競争」に出たんです。プールのなかを歩いて向こう岸まで競争するレース。つまり、泳げない子たちの特別な競走で、私以外は小学校1〜2年生ぐらいのレースでした。

歩き競争が「よーい、ドン」で始まると、小っちゃい子たちがワチャワチャやってるなか、私だけすぐゴール。断トツの一等賞よ、なんせ身体が天と地ほどもちがうんだから（笑）。

でもね、表彰式《ひょうしょうしき》で私うれしかった。クロールや平泳ぎの一等賞と同じ賞品だったのよ。これで味しめたのね。

まわりと自分を比べて恥《は》ずかしいだなんて思わない。おねしょだって恥ずかしいとは思ってなかった。こういう価値観を持てたのはありがたかった。財産とさえ言ってもいい。これはもう親の教育に尽きますね。親がえらかった。
思い返せば、うちの両親はとにかく叱《しか》らない親でした。「それはちがうでしょ」と言われた記憶がない。記憶にあるのは「おまえはたいしたもんだよ」と言われたこと。子どもってヘンなことを言うでしょ、ヘンなこともやるでしょ、それをいつも「たいしたもんだよ」と両親は笑ってる（笑）。生きるのがたいへんで、子どもを見ているヒマのない時代でしたから。

――私の祖母も「誰かと自分を比べるような、はしたないことはダメ」と言ってましたが、その一言は、不登校だった私を支えてくれました。

樹木　そう、そういうことを昔の女性は言えたの、ホントに立派だわ。こう言っては悪いけど、そこらへんのおばあさんでしょ。お坊さんでもなんでもない、ただのおばあさんが「比べるなんてはしたない」と言えるんだもの。

子どもはちゃんと自分で挫《ざ》折《せつ》する

――樹木さんが親になられてからも「叱らない」というのは気をつけていましたか?

樹木 干渉《かんしょう》はしなかったです。気にしていたのは食べることだけ。どんなにまずくても、そこらへんのものでは間に合わせず、自分でご飯をつくっていました。でも、それだけですね。

――お孫さんがいらっしゃるんですよね?

樹木 3人もいるんですよ。親のほうがよく鍛《きた》えられてます(笑)。

まあ娘にも言ってるのが、「そのうち、ちゃんと自分で挫折するよ」って。まわりはやきもきするけど、あれもこれも親が手を出してあとから「たいへんだったんだから」と言うよりは、本人に任せていくほうがいい、と。

――話は変わりますが、私は人間関係で難しいな、と思うことがよくあります。どうすればいいのでしょう?

樹木 それは自分を大切にしているからでしょうね。これも親の教育の賜物《たまもの》で、私は自分の評価にこだわらなかったから、本当に自分をぞんざいに扱ってきました。というか、人と揉《も》めるのがへっちゃらなの。たとえば人から贈り物をいただく。でも、だいたいの贈り物って始末に困っちゃう。だから、贈り物に「いりません」って書いて送り返したりしているんだから（笑）。

――すごい（笑）。

樹木　どうぞご放念《ほうねん》くださいってやつよ。まあ、そのせいでだいぶ嫌われてきましたけどね。昔、大先輩の杉村春子《はるこ》さんに現場で「へったなの」って言ったこともあったから。

――ええっ!!

樹木　映画監督《かんとく》・小津安二郎《おづやすじろう》さんの「秋刀魚《さんま》の味」の現場だったんだけど、何度もNGが出るから、「なんだあ」って思っちゃったのよ。まあ、そういうように失礼なやつだったわね。小さいころから変わっていて、若いころもそんなんだから、ちょっとは「生きづらいな」と思っていましたが、楽は楽よ。ガマンとか辛抱《しんぼう》とか、そういう記憶がないんだもの。

あなたも、自分をよく見せようとか、世間におもねるとかしなければ楽になるんじゃないでしょうか。だいたい他人様からよく思われても、事件を起こせば後ろ指さされるしね（笑）。

もし到達できなかったら、方向を変えればいい

――僕は小学校6年生で不登校をして5年間、ひきこもっていました。自分が不登校だったことを、なにかに活かせないかと考えているんですが、どれもこれもうまくいかないんですね。

樹木　計画性があるから挫折するんでしょうね。夢を持つのは大事なことなんだけど、そこに到達できなかったからって挫折するのはバカバカしいことじゃない。方向を変えればいいの。もし、どうしようかと迷ったら、自分にとって楽なほうに道を変えればいいんじゃないかしら。

――ただ、この前も成人式に行ったら、友人は大学に行ったり、働いていたり。どうしても自分とまわりを比べてしまいます。

樹木　わかる。私もデパートガールを始めた同級生がものすごく輝《かがや》かしく見えていたから(笑)。私は18歳のとき、行くところがなくて劇団「文学座」に入ったんです。今もそうだけど役者なんて先が見えない仕事でしょ。まわりが銀行員になったり、大学に行ったりする。花が開く4月に自分はなにもない。おま

けにまわりの劇団員はみんなキレイ。「取り残された」という実感はそりゃあもうリアルでしたよ。でも、いま考えればバッカみたいだけど（笑）。

この地球上にはおびただしい数の人間がいます。人間として幸せなのは適職に出会うことです。自分がこれだと思うことに仕えられるほど幸せなことはありません。もちろん、たくさんのお金を儲《もう》けたから適職ということじゃないし、仕えるのは会社ともかぎりません。

そういう、「これだ」と思える適職に出会えた人は一握《ひとにぎ》りしかいないんです。つくづく私も「芸能界には向いてないな」と思うんです。まあ、もうこの年になったら向くも向かないもないんだけどね（笑）。

だから、あきらめるしかないんだけど……って、あなたの質問にちゃんと答えているかしら？

誰だってチャーミングなところがある

――たしかに大学に行った友だちが「あんまり楽しくないぞ」と言ってました。

樹木　そういうもんなの。あなた、ハンサムだから。別に好きでその顔に生まれたわけじゃないと思うけど、美形に生まれなかった人からすればうらやましいはずよ。その顔を活かすのに命を懸《か》けたっていいじゃない——却《かえ》って難しいか（笑）。

私は、よく思うんだけど、誰だってチャーミングなところがあるのに、ほとんどの人がそれにふたをしちゃってるんです。たとえば、俳優《はいゆう》の小林亜星《あせい》さんっているでしょ。ドラマ『寺内貫太郎《かんたろう》一家』を始めたとき、演出家が主役は小林亜星さんがいいと言ったのよ。亜星さんなんて太ってるぐらいしか取り柄《え》のない人でしょって、作家や女優たちが反対したの。

——いやいやいや（苦笑）。

樹木　あの人は本業は作曲家だから、何言われても、ワッハッハッと笑ってるの。ああいうのが大事なの。女優もアナウンサーも、最近じゃスポーツ選手もみんな同じ顔だからね。同じような顔に同じような服を着て、それで若い女優さんは「役が来ない」とこぼすんだから、もうこっちは引く手あまたよ（笑）。

道を外れるのも覚悟《かくご》がいる

――最後に自分の子どもが不登校やひきこもりだったら、つまり、御しがたいダイバダッタのように見えたら、親としてどう向き合えばいいのかについて教えてください。

樹木 うん……、きっと自分だけが助かる位置にいちゃダメなんだろうと思います。自分も降りていかないと。夫は「不良になるのも勇気がいる」と言ってましたが、道を外すのも覚悟がいることです。

親も子も今の環境や状況を選んだわけじゃないだろうし、そうならざるを得なかったのかもしれません。でも、それはそれで親子ともどもいっしょにやっていこう、と。路上でもいっしょに生活しようという覚悟を私ならすると思うんです。

いっしょに住んでいる人はホントにたいへんだと思いますが、結局、親はその子の苦しみに寄り添うしかないです。言って治るようならとっくに治っています。最初の話に戻りますが、自分が成熟するための存在なんだと受け取り方を変えるのがいいのではないでしょうか。

――なるほど。

樹木　最後になっちゃったけど、お釈迦さんがね「人間として生まれることはきわめて稀《まれ》なことだ」と言ってるの。だったらね、生き続けなきゃ、もったいないじゃない。今日はありがとうございました。

自分に自信を持つために修行する

荒木飛呂彦

聞き手＝子ども若者編集部

荒木飛呂彦（あらき・ひろひこ）

1960年、宮城県生まれ。80年に『武装ポーカー』で「少年ジャンプ」デビュー。著書に『ジョジョの奇妙な冒険』『荒木飛呂彦の奇妙なホラー映画論』『荒木飛呂彦の超偏愛！映画の掟』など多数。

――荒木さんの子ども時代のお話から、お聞かせください。

荒木　海外に強いあこがれを持っている子どもでした。でも、海外なんてそうかんたんに行けませんから、夏休みになると、アウトドア用品を持って自転車旅行に出かけるんです。2～3週間かけて北海道をぐるっと一周したりするわけですが、自分のなかでは「楽しい旅行」というより「武者《むしゃ》修行」という感覚でした。自然のなかでテントを張って寝起きしたり、ときにはオバケに出くわしたり（笑）。

そんな自転車旅行から帰ってくると、ちょっと大人になれた気がしたんです。体力だけじゃなくて度胸《どきょう》もつきますから。

――「マンガ家になる」と決意されたのはいつごろだったのでしょうか？

荒木　高校生のときですね。父が画集をたくさん持っていたり、趣味《しゅみ》で絵を描いていたこともあって、絵を描くことは子どものころから大好きでした。

「マンガ家になる」とひそかに決めていた

高校生になると「将来どうするか」というように、進路をめぐってまわりも慌《あわ》て始める時期じゃないですか。親には内緒《ないしょ》にしていたんですが、私は「マンガ家になる」とひそかに決めていました。「週刊少年ジャンプ」に投稿《とうこう》してみたり、実家があった仙台《せんだい》から電車を乗り継いで、東京にある集英社までマンガを持ち込んだりもしました。

そう決心したのは、ゆでたまご先生のデビューがきっかけでした。『キン肉マン』という作品でデビューされたとき、ゆでたまご先生は高校生だったんです。「自分と同じ高校生なのに、向こうはプロのマンガ家なんだ」ということに焦《あせ》りをおぼえました。それが転機になって、「自分はこのまま趣味でマンガを描いているだけでいいのか」と、真剣に考えるようになりました。

――小説や音楽など自己表現の方法はいろいろありますが、なぜマンガだったのでしょうか？

荒木　ん〜、けっこう深い質問ですね（笑）。一つには、子どものときから絵を描くと心が落ちついたという実体験が大きいです。私の下には双子の妹がいて、妹たちはとても仲がいいんです。兄としてその輪にちょっと入りづらいというか、疎外感《そがいかん》を覚えるときもあって。そういうときに絵を描いていると不思議と気持ちが楽になったし、描いた絵を通して妹たちとも仲よくなれたんです。

また、時代背景も大きかったなと思います。当時は、藤子不二雄《ふじこふじお》先生、ちばてつや先生といった著名なマンガ家がたくさんいらして、すばらしい作品を次々と世に送り出している時代でした。

マンガを読みながら「自分だったらこうするな」とか、子どもながらに考える時間がとても楽しかったんです。それがきっかけで「マンガを描いてみたい」と思うようになったので、マンガ以外の選択肢《せんたくし》はちょっと考えられませんでしたね。「自分はマンガ家として生きていく」という線を引いてからは、その一線を越えようとは思いませんでしたし、その気持ちはいまも変わっていません。

孤独《こどく》に耐《た》えねばならないときがある

――「働く」ということについてはどうお考えですか。

荒木　私は20歳でデビューさせていただきましたが、当時もいまも「マンガ」と「働く」を結びつけて考えたことはないですね。「描かせてもらっている」という思いのほうが強くて。これを描くから原稿料がいくらもらえるというようにマンガを描くことを労働賃金という視点から考えたことはないんです。デビュー当初はだいたい、1枚描くと4000円弱もらえたんです。30枚描いたとしても毎月10万円くらいの収入ですし、そもそも1カ月で30枚描けるかどうかもわからない。

でも私の場合は、そうした金額うんぬんを超越《ちょうえつ》した思いがありました。それは、「いいマンガ家になりたい」ということ。ですから、「働く」ということとお金の問題を絡めると、ちょっとまちがった方向に行ってしまうんじゃないか、というのが私の考えです。その場合はえてして、人は欲に走りますから。

――私は不登校というありのままの自分を生きると決めましたが、どこかで将来への不安をぬぐえない部分もあります。

荒木　私自身の話をすれば、マンガ家として一人でマンガを描いています。そうすると、「孤独に耐えねばならないとき」がかならずあるんです。たとえば、自分が自信を持って描いたストーリーが読者に受けいれられなかったとき。「何でだろう、世の中の人は何を考えているんだろう」と自信をなくし、「私は一人だ」という孤独感がさらに強まることもあります。そういうとき、音楽でも芸術でも、天才と呼ばれるような先人たちの生き方や姿勢などに、勇気づけられることがあるんです。

私はゴーギャンというフランス人画家が好きなんですが、彼は絵を描くだけのためにタヒチまで行くんです。なぜ、絵を描くという理由だけで地球の裏側まで行くのか、子どもながらにいつも不思議でした。イメージで描いたっていいし、いまのようにインターネットはなくても写真はあるわけですから。しかも、そこまでこだわって描いたからといって、かならずしも絵が売れるという保証はどこにもありません。でも、そうした確固《かっこ》たる意志だったり、自分の信念に沿った行動が、私にとって励《はげ》みになるんです。

『ジョジョ』の主人公も敵役も、自信を持って生きている

――敵役ですが、私は『ジョジョの奇妙な冒険』（以下、『ジョジョ』）の第4部に出てくる吉良吉影《きらよしかげ》に共感するとともに励まされました。

荒木　『ジョジョ』の登場人物というのは、主人公も敵役も、自分に自信を持って前向きに生きている人たちなんです。吉良吉影というのは、いわゆる〝殺人鬼《さつじんき》〟で、その生き方を自分でも否定していません。「それならそれで自分の幸せを追求しよう」と生きているんです。もちろん自分勝手な悪の論理ですから、社会的に受けいれられるものではありません。

しかし、そういう人間をマンガに登場させて主人公たちと真摯《しんし》に向き合わせていくなかでの人間模様を描写する。それが『ジョジョ』のねらいの一つなんです。一言で言えば、『ジョジョ』のテーマは「人間賛歌《にんげんさんか》」なんです。私自身、主人公はもとより、敵役の「折れない心」を描いていて勇気づけられることがありますし、そういった部分が読者の方にも響《ひび》くんだと思います。

マンガ家の孤独についてさきほど触れましたが、だからこそ「自分を信じる」

という気持ちが、マンガ家になるうえですごく大切なことだと思うんです。自分のアイデアが読者にウケるかどうかは、描いているときにはまったくわかりません。たとえどんなに有名なマンガ家であっても、絶対的な確信は持てないと思うんです。マンガ家としてデビューして30年が経ちましたが、自分を信じてマンガを描き続けること、それが自分の使命なのではないかと思います。

――自分に自信を持つためには、どうしたらいいんでしょうか。

荒木　自分に自信を持つために修行するんです。私はいまでも何十、何百タッチと、毎日たくさん描いています。だからこそ、あまりペンを握《にぎ》ったことがない人では絶対描けない線を引けるようになるんです。これは野球の素振《すぶ》りにも通じるんじゃないかと思います。ホームランだって、急に打てるようになるものではないですから。そういった表立っては出てこない努力の積み重ねが自信につながっていくんだと思います。

『ジョジョ』という作品を描く前には、知能戦をテーマにした『魔少年ビーティー』や、究極《きゅうきょく》の肉体をテーマにした『バオー来訪者』という作品を描いていますが、いま見かえしてみると絵もストーリーも安定していません。でも、その2作品がなければ、『ジョジョ』という作品に行きつくことはなかったと思うんです。

好奇心が原動力

――作品づくりにおいて、荒木さんの原動力はどのようなものでしょうか？

荒木　「好奇心」だと思います。マンガのネタって、この世の謎《なぞ》を追っていくなかで見つかることが多いんです。

昔、イギリスにあるネス湖という湖にネッシーという恐竜がいると、ウワサになったことがあるんです。そのとき、私は本当にいるかもしれない、と思っていました。「いないかもしれないけど、いるかもしれない」、そういう謎の一つひとつが、マンガのネタやアイデアにつながっていくんです。

ですから、世界中に散らばる謎に迫っていくということは、マンガ家としての醍醐味《だいごみ》の一つだなと感じています。あとは、それをどうストーリーに引っ張ってくるか、ということを考えればいいわけですから。

マンガって、ネタに困るよりも描く気力がなくなることのほうがよっぽど怖いんです。「なんだか今日は描きたくないな」という気持ち、これが一番怖い。それが何カ月も続くとスランプになります。

「やらなきゃ」と思えば思うほど、どんどん描けなくなってしまう。そういうときにあえて散歩に出かけるとか、描く気力をなくさないための気をつけ方というのは人それぞれだと思いますが、なによりも大切なことは「好奇心」をなくさないことだと私は思います。

column 1

「私」が話を聞きたい人に取材に行く

書き手＝「不登校新聞」編集長　石井志昂

みなさま、はじめまして、『不登校新聞』で編集長をしている石井と申します。この欄《らん》では、取材の裏側を書かせていただき、本編をより楽しんでもらえるコラムにしたいと思っています。

さて『不登校新聞』では、編集部のスタッフとともに、多くの場合「子ども若者編集部」のメンバーが取材をしてインタビュー全体を構成し責任を持ちます。

彼らは不登校・ひきこもりの当事者・経験者であり、ボランティアで新聞に関わってくれています。月に1度の編集会議には、彼らも参加し、インタビュー候補者を挙げたり、さまざまな執筆《しっぴつ》企画《かく》を持ち込みます。

インタビューの候補者を挙げる場合、私たちはある決まり事をつくっています。それは「私が話を聞きたい人」に限定することです。「世の中のため」「人のため」は考えず、「私」が話を聞きたくて「私」が救われるために取材へ行く、これが決まりです。

「自分勝手な」と思われるかもしれませんが「私の思い」を煮詰《につ》めることで、プロにもマネができないインタビューになるからです。

たとえば翻訳家《ほんやくか》・柴田元幸《しばたもとゆき》さんのインタビューは、ある女の子が企画した取材でした。彼女は、学校でのいじめなど自分の身に降りかかった理不尽《りふじん》さに怒りを感じていました。当時の彼女を救ってくれたのがエドワード・ゴーリーの絵本だったのです。

エドワード・ゴーリーの絵本は、率直《そっちょく》に言うと「暗くて理不尽」な話が多いです。彼女自身も「なぜこんな話に救われたのか」と不思議に思っていました。そこで自分自身の謎《なぞ》を解くために、エドワード・ゴーリーの絵本の訳者・柴田元幸さんのもとを訪れたのです。

柴田さんが彼女になんと答えたのかは本編に譲《ゆず》りますが、とても意義深い指摘《してき》をいただきました。このように「私」をきちんと追い求めるからこそ、意味のあるインタビューになるのではと思っています。

小さいころから、世界は筋が通らない場所だと思っていた

柴田元幸

聞き手＝子ども若者編集部

柴田元幸（しばた・もとゆき）　イラスト：島袋里美

1954年、東京生まれ。ポール・オースター、スティーヴン・ミルハウザー、スチュアート・ダイベックら現代アメリカ文学を数多く翻訳。2017年、早稲田大学坪内逍遙大賞を受賞。文芸誌「MONKEY」、および英語文芸誌「Monkey Business」責任編集。

――不登校についてどう思われていますか?

柴田 僕は度胸《どきょう》がなかったから不登校をしなかっただけなのかもしれません(笑)。そもそも学校なんて好きじゃなかったし、幼稚園《ようちえん》のときは、はっきりと「行きたくない」と言っていたそうです。

不登校をそうやってロマンチックに思い描いている部分もあるし、筋が通らないことにムカつく潔癖《けっぺき》な人が不登校に流れがちだという気もする。学校はかならずしも筋が通る場所じゃないですからね。

僕が直接知っている不登校の人は、大学生になってからの不登校です。とにかくみんなまじめで、自分に対する要求が高いような気がする。もっとずぼらでもいいのにな、と思う。

――筋の通らないことにムカつかないんですか?

柴田 ムカつかないです。小さいころから、世界は筋が通らない場所だと思っていたから。それと、自分は世界に求められていない、という思いもずっとあった。僕が育った町では勉強ができても全然えらくなくて、ケンカが強くなきゃダメ。友だちどうしでチーム分けをすると、かならず最後まで選ばれない。それがデフォルトでした。

僕が翻訳《ほんやく》を始めたのは35歳のころですが、いまだに僕がやっている仕事で誰かが喜んでくれるというのは、すごく新鮮《しんせん》でうれしいことです。世界に対する期待が低いと、幸福を感じるのもわりとかんたんなのかもしれません。

「何をしたいのかわからない」のは当たり前

――子どもや若者にとって必要な学びや時間とはどういうものだと思いますか?


柴田　一つだけ言えるとすれば、「誰にとっても絶対必要なものなどない」ということです。「若いうちにこれだけは」とか「目的意識を持って」と世間ではよく言ってますけど、ああいうのは聞き流していいと思う。

なにかを成し遂げようと思ったら、どうしてもほかのことは見えなくなる。無理に目的を持つことはありません。もちろん、やりたいことがあったらそれに向かって進んでいけばいいんだけど。

「何をしたいのかわからない」という思いは、若いうちは当たり前だと思う。

いろんなことに手を出しているうちに、自分はこれが好きなんだな、あれは嫌いなんだなということがだんだんと見えてくると思います。

10代、20代のころは、まったく見えないですよ。たとえば尊敬している人が勧《すす》めてくれた本を読むと、その本を自分がいいと思っているのか、尊敬している人が勧めてくれたからいいと思っているのかわからない。でもそれがだんだん、あの人はこれがいいと言うけどやっぱり僕には合わないな、というのが実感として見えてくる。だけどそれは30代に入ってからで充分だと思います。

――柴田さんはエドワード・ゴーリーの作品が好きですか?

柴田　もちろん好きです。というか好きなものしか訳しません。

――私は小学生のころ、ゴーリーを読んですごくはまりました。

柴田　これはまったくの勘《かん》ですが、ゴーリーの作品をすごく好きだと思う人は、世の中が押し付けてくる子ども像にムカついてる人ではないかな、と。そういう気がするんです。

ゴーリーほど極端《きょくたん》ではありませんが、僕と仲のいい絵本作家・きたむらさとしさんは、子どもたちのリアクションをバラバラに描いています。たとえば主人公の子どもが恐竜を学校に連れてくるというシーンでは、たいていの子どもは驚きますが、全然びっくりしないでぼんやりよそ見している子もいる。僕にはそういうのがすごくリアルに見えるんです。

ゴーリーは、制度化した物語を覆《くつがえ》した

柴田　ゴーリーの絵本で言うと、『不幸な子供』では、ある少女が父と生き別れになるというところから始まります。ふつうの子ども向けの本ならば、このあと、少女に苦難が降り注ぐも最後は父と再会してめでたしめでたし、と。『不幸な子供』では、少女に苦難が降り注ぎ、最後は父に車で轢《ひ》かれてしまう。父はそのことに気づきもしないで終わる。結果としてはものすごく暗いわけだけど、こういう展開だってありうるわけですよね。なのに誰もそういうふうには描かないで、みんな一つの転がり方しか見せない。そういうほとんど制度化した物語を、ゴーリーは覆している。そのことにある種の解放感を感じるのが、ゴーリーの読者なんだと思う。

――昔話にはゴーリー作品が内包《ないほう》する残酷《ざんこく》さをかいま見ることができますね。

柴田　グリム童話も本当は残酷な話が多かったのに、一般に流布《るふ》しているのは〝消毒済みバージョン〟が多い。〝消毒なし〟のそもそものグリム童話を子どもが読んでも、けっこう平気というか、むしろおもしろがるんですけどね。

ただしゴーリー作品のなかでも『おぞましい二人』は、日本で発行する際、アメリカの版権《はんけん》管理者から猛《もう》反対を受けました。ゴーリー作品は偶然にも子どもたちが死ぬ話も多いんですが、『おぞましい二人』は大人の人間がほとんど何の理由もなく子どもを何人も殺しています。

「あの作品は残酷さがちがう、アメリカでは多くの抗議《こうぎ》が来た」と彼は言うんですね。なので僕も編集者も、抗議が来ることをある程度覚悟《かくご》しましたが、とくにありませんでした。日本人は人を殺すことと、人を殺すことを描くことの違いが見えているのかもしれませんね。

「負」のものから目をそむけない

――ゴーリー作品と一般的な作品とでは不幸に対する想像力がちがうのかなと思うんですが、いかがですか。

柴田　その通りだと思います。不幸とか、狂気とかいった、「負」のものから目をそむけないですね。猟奇的《りょうきてき》な物語が異常な人を排除《はいじょ》する道具になり、その一方で「正常」が強化されるというのはよくあることです。よし悪しは別にして、昔のほうが異常・正常の線引きが緩《ゆる》かったように思います。

近代以前、「狂気《きょうき》」というのはそんなに悪いイメージではなく、場合によっては聖なるイメージさえ帯びていましたが、近代ではそれが「狂人」として病院に入れられるようになりました。

その一方でフィリップ・アリエス（1914年〜84年）が『〈子供〉の誕生』で指摘《してき》したように、「子ども」という概念《がいねん》は17世紀に入ってからヨーロッパでつくられた。

それまでの人間観では、子どもと大人はそこまで区別されなかった。子どもは無垢《むく》で未成熟だから教育しなければならない、というのは300年かそこら前になって初めて登場した考え方だったわけです。中世の絵を見ると、いまの子どもたちと全然顔つきがちがいますよね。「子どもはかわいい」という前提がなかったから、ああなるんですね。

ただし、ゴーリーはべつに、こうした以前の価値観に回帰《かいき》しているわけではありません。世の中の規範《きはん》である正しい人生、正しい子ども像とはちがうものをいろんな人が思い描いて、それを新鮮な形で提示しています。ゴーリーもそういう人たちの一人だと思うんです。

当然ですが、そういう規範からズレた作品だからと言ってすべてがおもしろいとはかぎりません。先入観が覆されておもしろいと思えるものと、そうでないもの。そこにどんなちがいがあるのか、それが芸術の最大の謎《なぞ》だと思うんです。

リリー・フランキー

聞き手＝子ども若者編集部

「こうだったらいい」とたくさん想像する

リリー・フランキー

1963年、福岡県生まれ。武蔵野美術大学を卒業後、イラストレーター、文筆家、小説家、絵本作家、写真家、構成・演出、アートディレクター、作詞・作曲、俳優など、さまざまなジャンルで活動している。著書に、ベストセラーとなった小説『東京タワー――オカンとボクと、時々、オトン――』など多数。

――学校が好きでしたか、きらいでしたか？

リリー　つねに学校には行きたくなかったです。小中高とちゃんと定時に行ったことがあるのかと思うぐらいずっと遅刻《ちこく》してました。学校のすぐ近所に住んでましたけど。

大学に行ってからはもっとひどくて、どんどんゆるい生活になっていたから、就職先を決めないまま卒業後はプーになりました。卒業してからも5年間はなんにもしてませんでした。

――ひきこもっていたんですか？

リリー　働いたのは月に何度かしかない。イラストや文章の仕事を月に1～2本とか。当然、なんにもしないから金がなくなって、親からも、友だちからも、サラ金からも金を借りて生活をしてました。それでも金がなかったから電気もガスも止まったままでしたけど。

まわりにいる人からは「働いたほうがいいよ」とずっと言われてましたが、オレにはどこに行く気力もなかったんです。日雇《ひやと》いの仕事ならいくらでもあったけど、バイトに行こうと思っただけで三日ぐらい徹夜《てつや》した気分になってましたから。
当時、ひきこもるというのは、いまと「一人度合い」がちがうんです。いまなら携帯《けいたい》やインターネットもあって薄《うす》く人とつながれるでしょ。とくにインターネットがあると、同じような境遇《きょうぐう》の人を見つけて安心したり、オレがここにいるというアイデンティティーをなんとか保てるかもしれない。それが人の悪口を言うだけであってもね。でも、それもない。一人になりきれるからいまよりも昔のほうが楽だと思うけど、当時は完全に自分のことをクズだなと思いながら生きてました。

自分を責める気持ちもあった

――罪悪感も覚えていましたか？

リリー　当然あったし、自分を責める気持ちもあったんですが、それがどんどん「無痛」の状態になっていくんです。飛び降り自殺をすると、飛び降りている最中に気を失うって言うでしょ。あれと同じだと思うんですが、無気力度がどんどんアップしていって、痛みのスイッチを切るんでしょうね。

それでオレがやったのは大学生のときの彼女に電話したこと。飯が食いたくてしょうがなくて、公衆電話から昔の彼女に「ちょっと会いたい」みたいなことを言ったんです。その公衆電話代の10円も友だちから借りた金なんだけど。

彼女はオレの家に来てすぐわかったんでしょう。弁当を買ってくれて、帰り際、2000円を胸ポケットに入れてくれました。そこまでされたら、人は「情けないな〜」と感じると思うでしょ。でも貧乏《びんぼう》を5年も続けてたら「ラッキー!」としか思わない。そういう人間が持たなきゃいけない美意識みたいなものすら崩《くず》れてたんです。

「貧乏していた昔に戻ってもいい」なんてことを言う人がいるけど、オレは絶対イヤ。金の問題じゃなくて、あの感覚に戻るのがイヤなんです。まあ、若いうちはそんなこと深刻に考えすぎなくてもいいと思うんですが。


――そもそも気力がなくなった原因は?

リリー　なんでなのかな〜、昔から気力もガッツもまるでなかったのはたしかだけど……。

自由を与えられたからかな。ひきこもりって言葉は暗いけど、ある意味ではすごく自由でしょ。自由ってすごく人を不自由にさせるんです。

自尊心と戦ったときに、外に出るきっかけをつかむ

リリー　それと自尊心かな。これはオレだけじゃなくて、ほかの不登校の人や、ひきこもりの人は、自尊心が強いんだと思うんです。自尊心の強さゆえに、自分をわかってくれないとか、人に会いたくないとか、そういうふうになっていくんじゃないか、と。

自尊心は持っていていいものだけど、こじらせると不細工なものになっていくんです。みんな家に一人でいることが、カッコ悪いということをどこかで思ってるでしょ。でも、そのカッコ悪さをいまやってなきゃいけない理由も知っています。そのバランスのなかでカッコ悪さが勝ってくるときがくる。それまでは何をしても自分に言い訳を用意しているから。オレもそうでした。

でも、その言い訳が通用しなくなっていく。ほかの人が何を言おうがまった

くこたえないけど、自分で自分を許せなくなるときがくる。それで、どうしようもなく自分がカッコ悪いと思ったとき、外に出るきっかけが生まれるんじゃないかと思うんです。

自尊心を持っていることが、ひきこもる原因をつくるんだけど、その自尊心と戦ったときに外に出て行くきっかけをつかむんじゃないか、と思うんです。だってカッコ悪いかどうかって大事でしょ。みんな子どものときに思ってるはずなんだ「カッコ悪くはなりたくない」って。で、そのカッコ悪さを決めるのは美意識の部分だと思うんです。プライドなんてものは、一回、ドロップアウトした時点でズタズタに傷つけられたはず。そういう自分のことよりも、家族や大切に思っている人のことは言われたくないと思うでしょ。

本当に頭に来るのは、自分のことより、自分が美しいと思っているものが汚《けが》されたときなんです。自分のことなんかじゃない。プライドというのは自分のことだから。自分のために戦うと消耗《しょうもう》するんだけど、美意識の部分ではやらなきゃいけないときがあるんです。

この時間が糧《かて》になるときが来る

不登校もひきこもりも、好きなだけやればいいと思うのは、みんな自尊心も強いんだから、美意識を持ちながらやっていれば、自然と外に出ることも働くことも、なんでもなくなると思います。それに、その時間が糧になるときが来ますから。オレなんか、いま物を書いてる内容はそのときに考えていたことばっかり。だから、みんな留学してると思えばいいんじゃない。

――私は自分に自信がないというか、自分がブレるのがイヤなんです。

リリー　君はいくつ？　18歳か。18歳で自信満々なやつなんてイライラするよ。「なんなんだよ、このガキ。もっと揺《ゆ》らげよ」って。「お前には情緒《じょうちょ》ってものがないのか」って。よく情緒不安定と言うけど、情緒なんて、そもそも不安定なもんなんだから。

大人なんて、もっと揺らぐんだから。君の話を聞いてると、親のことも考え、おばあちゃんのことも考え、将来のことも考えてるんだから、そのへんにいるガキより、至極《しごく》まっとう。18歳にもなって、なんにも考えずに自信満々なガキこそ一カ所に集めて教育したほうがいい。

だから、自信過剰《かじょう》にならなくても、あんまりへりくだらなくてもいいんじゃないですか。

——不登校から学んだのはイヤなことは身体が拒否する、ということです。

リリー それはオレもある。でも、直《じき》に慣れるよ。

——この先も身体に従っていこうと思っているんですが、それが続けられるか不安です。

リリー それは大丈夫。心配しなくても、もう少し年を取ると、つねに眠くてつねに腹が痛くなるから。身体がバカになっちゃう。オレなんか、友だちと酒飲んで、ものすごい楽しいのにウンコ漏《も》らすからね。もう身体のジャッジなんてあてにならないんです。

先のことは考えなくていいんです。みんな若いんだし、バカなんだから、君らが想像できる世界なんてすぐ覆《くつがえ》るよ。だって現実で起きてることを見てごらん。想像もできないことがすぐ起こる。だって、オレが想像していた世の中は、もっとまともなところだったし、ちゃんとした人がたくさんいるところだったから。

マイノリティになる経験をしたほうがいい

――最後に不登校の子どもや親に向けて一言、お願いします。

リリー　不登校の親御《おやご》さんや本人は不安だと思います。だって親にしてみれば、親になるのも初めてだし、子どもが学校に行かないのも初めて。だから、親は親なりに悩んでいるんですが、親だって別にみんなが立派なワケじゃないんです。それは子どももわかったほうがいいと思います。

そのうえで、学校に行きたくなければ、オレは行く必要がないと思ってます。若いうちにマイノリティになる経験をしたほうがいい。日本人はとくにそうでしょう。一回、ドロップアウトすれば「世の中、おかしいな」ってことがよくわかるんじゃないでしょうか。

あれじゃないかな～、君たちがやらなきゃいけないのは、世界を変えるってことです。ロックも芸術も恵《めぐ》まれた人のものじゃなかったんです。貴族や王様に聞かせる宮廷《きゅうてい》音楽から、ロックが生まれて大衆文学が生まれました。ふつうじゃない人たちから恵まれない人へ向けて生まれたんです。世界を変えようという思いから新しいものが生まれたんです。

きっと君たちと同じような思いをする後輩がいますから、あまり卑屈《ひくつ》になるべき立場ではないんだと思います。

いま、いろんなことを考える時間があるなら想像したらいいんじゃないでしょうか。ジョン・レノンが言うように「こうだったらいい」と、いっぱい想像したらいいんです。現実のことばっかり考えていたらしょっぱいでしょ。まわりからは「現実逃避《とうひ》だ」なんて言われるけどいいんだよ。現実のことばっかり考えても何も新しいものは生まれない。そう思っています。

さまようことが
自分を豊かにする

雨宮処凛

聞き手＝子ども若者編集部

雨宮処凛(あまみや・かりん)　撮影:稲治剛

1975年、北海道生まれ。作家。バンギャル、フリーター、右翼活動家などを経て、2000年に自伝的エッセイ『生き地獄天国』でデビュー。2006年以降は「プレカリアート運動」を通じて、若者の生きづらさや貧困問題に取り組む。「反貧困ネットワーク」世話人。

――私は摂食障害《せっしょく》やリストカットやオーバードーズなど、いろんなことに依存《いぞん》して生きてきました。雨宮さんの本を読むと、私と同じようにたくさんの依存をくり返してきたんじゃないかと感じました。

雨宮　私もずっと小さな依存をくり返してなんとか生きています。今は何に依存しているかというと、活動と書くこと。それはリストカットやオーバードーズよりも生産性があって、人に怒られないし、収入にもなっています（笑）。

でもそれは全部自分のためにやっていることなんですね。「人のためにえらいね」と言われますけど、他人のためにはやっていません。結局は自分が「楽になりたい」「必要とされたい」そういう思いのみでやってますね。だから依存体質は昔から変わっていないんじゃないかな。

ただ、親とか友だちとか恋人とか、依存対象を「人」にするのは危ないからやめたほうがいいというのは強く言いたいですけどね。

「よい依存」にシフトする

――どうやって生産性のある、よい依存に対象をシフトできたんですか？

雨宮　それは本当に偶然で、「本を出さないか」と言われたからですね。それまでも、ものを書いたりなにかを表現したりしていましたけど、どんなに表現しても誰にも認められなかったので、どんどん自分を否定していくという負のスパイラルのような状態でした。

たまたま人に「本を書かない？」と言われたことで、以前と同じことをしていても、それが収入にもなり人とつながる手段にもなり、生きていくことにつながるんだな、と思いました。

――僕も10代から20代のときにいろいろな活動をしていたんですが、僕はちょっと失敗したらすごく落ち込んで、身動きがとれなくなってしまうんです。雨宮さんも自己否定感が強かったのに、どうやって失敗を乗り越えてきたんですか？

雨宮　私はあきらめが早かったですね。中学でいじめられ、大学に落ちて2浪してフリーターになるものの、バイトはしょっちゅうクビ、バンド活動もダメ、右翼《うよく》活動もダメで、全部が失敗だったんです（笑）。だから失敗したら、すぐ次のことをやるようにしていました。落ち込みはするんだけど、ダメージが少ないうちに意識的に次へ移るようにしてましたね。

さまようことが豊かさに通じる

——僕も依存体質で、少しでもなにか新しいものを求めていないと不安なんです。だけど同世代の同僚《どうりょう》を見ていても、僕ほどなにかを求めているようには見えず、落ち着いている（笑）。僕だけまだ「さまよっているな」という感じなんです。

雨宮　わかりますね。私は今もむちゃくちゃさまよってますから（笑）。それはもう一生治らないというか、逆にそれが自分をすごく豊かにしていると思いますね。だって、いろんな表現や話に触れて、つねに勉強しているわけじゃないですか。だからプラスにとらえるようにしています。自分が常に新しいことに触れてないと、怖いですね。すごく不安というか焦燥感《しょうそうかん》があります。

——他方で、全然ちがう考え方もあると思うんです。以前むちゃくちゃ落ち込んで死にそうだったときに、哲学者の鶴見俊輔《つるみしゅんすけ》さんに会いに行ったことがあるんです。鶴見さんは僕の話をいろいろ聞いた後、一言「自足《じそく》するということが大切ですね」とおっしゃったんです。「自らをもって足れりとする」、そういう生き方を目指すべきなのかなあと思いつつ、今はまだ「自足」には至ってない。

雨宮さんのようにほかに何かを求めることで豊かになる生き方があり、他方で鶴見さんがおっしゃったように「自足」という生き方がある。僕はどう生きていけばいいんだろうって……。

雨宮　今の状態でも自足と言えるんじゃないですか。自分で求めて、いろいろ読んだり聞いたりして、それで満足していれば、それも自足の一つのかたちなんじゃないかな。

無条件の生存の肯定《こうてい》

――私は自己肯定感が低くて、がんばんなくちゃ、なにか有意義にすごさなくちゃとつねに思うんです。そうしないと自分を許せないんです。雨宮さんは作品を書くという話をもらって、そこから安定して書くことができるようになったとおっしゃっていましたが、私には何もないんですよ。アルバイトもしてるし「不登校新聞」にも関わっているけど、十分とは言えない。だからアイデンティティーがほしいんです。

雨宮　物書きになっても、自分のアイデンティティーは安定しなかったですよ。もし書けなくなったら私の存在全部がいらないってことになるし、物書きってある意味で究極《きゅうきょく》の使い捨て労働なんですよ。それがすごい怖かったですね。ただ、2006年に私がいまやっている「プレカリアート運動」に出会って、そのスローガンが「無条件の生存の肯定」なんです。それを見たときに気持ちがすごく楽になりました。もし自分に仕事がなくなっても、生きてることは肯定されていいいんだと思えて。だからその運動に今でも関わっているんです。

――「無条件の生存の肯定」というスローガンは、さきほどの自己肯定感が低いという話ともつながりますね。

雨宮　そうですね。まともに自己肯定できないときって条件つきの自己肯定しかできないんです。これができたら自分は認められる、みたいな。

たとえば学校でも、そこに存在するだけでもいろんなハードルをクリアしないといけない。空気を読んで、いじられないようにして、そのうえ勉強までして。そういういろんな条件がないと存在も生存もできないという圧力が年々強まっているように感じます。

そんな世間にあらがうための抵抗《ていこう》の道具としての「無条件の生存の肯定」というスローガンがあるんです。これをつねに意識してると、自分も他人も肯定できるし、すごく楽になりますよ。

——雨宮さんの著書のなかで、お母さんが雨宮さんに謝罪をして、そこから家族の関係が変わってきたというお話がありました。私も母親との関係が悪かったんですが、「私、こういうことがつらいんだけど、昔のお母さんの行動が原因だと思うんだ」と話したところ、「ごめんね」と言われて、すごく楽になったんです。

雨宮　それはよかったですね。でも、親を変えるのって一番難しいですよね。親の謝罪や親にわかってほしいという思いにあんまりこだわりすぎると、キツイです。親に自分がこんなに苦しいんだってわかってもらうために自殺しちゃうというようなケースもけっこう見てきています。自分より老い先短い親のために死ぬ必要なんか全然ないんですけどね。私の場合は謝罪があったというのもありますが、一番よかったのは、別々に暮らすということでした。

先まわりして生きづらさの芽をつぶす

――以前、「30歳になったらいろいろ楽になったかな」とおっしゃっていたのが印象的でした。年齢が上がってきたのも「楽になった」と思える要因ですか？

雨宮　それはありますね。ここまで生きてこられたんだからこれからもなんとかなるだろう、という根拠《こんきょ》のない自信がね（笑）。

それにこれだけプレカリアートの活動をしてきたから、もうどんなことになっても死なないで生き延びる方法がわかるんです。生きていればいろんな不安がありますけど、それぞれの不安の相談窓口が全部頭のなかに入っていますから。その知識があるのは、かなり楽ですね。

私も含め、ここにいる人たちっておそらくふつうの人とは生きてきた境遇《きょうぐう》がちがうから、レールから外れて生きていくスキルはふつうの人よりも持ってるはずなんです。だから、ふつうの人のほうがむしろ危ない。踏み外したときにどうすればいいかわからないから。

――今もいろんな依存をされているということですけど、そういう状態は生きづらいですか？

雨宮　いや、すべての依存をやめようとしているときのほうが生きづらかったんで、依存体質の自分を受け入れてます。依存も生きる作法だ、と思っています。そう開き直ってからは楽ですね。今だってきついことはたくさんありますよ。ただ、その不安にどうやって対処するかはわかりました。落ち込んだときはこの動画を見るとか、先まわりして生きづらさの芽をつぶしていくんです。

――最後に親の方へのメッセージをお願いします。

雨宮　私自身も「無条件の生存の肯定」という言葉で楽になれたので、自分への期待値と子どもへの期待値を最底辺にしておくといいと思います。そこまでハードルを下げれば、生きてるだけでオッケーだと思えるはずです。

不登校経験者に聞く 1

親の言葉は子どもにとってすごく大きい

語り手＝27歳女性　聞き手＝編集部スタッフ

――不登校の経緯《けいい》を教えてください。

中学1年の5月のある日、学校に行こうとしたら涙がとまらなくなりました。理由は今でもよくわかりません。友だちづきあいが苦手ではありましたが、なにか明確な理由もなく、「体が勝手に行かなくなった」という感じでした。

私は学校には行かなきゃいけないと思っていたので、「なんで私だけ、学校に行けないんだろう」とわけがわからない気持ちでした。小学生のころは、いじめを受けたこともありましたが、学校には行っていました。中学ではいじめもないのに、なぜ今なのかと。

母親は、無理やりにでも私を学校に行かせようとしていました。「なんでふつうにできないの」とよく言われました。私としては、なぜふつうにできないのか、私自身が一番悩んでいたんです。それを母から毎日のように言われるのは、しんどかったですね。「ふつう」ができないということは「親に認められていない」ということでした。その事実が苦しくて、自殺未遂《みすい》をしたり、リストカットをくり返したりしていました。

――その後、状況が変わるきっかけなどはあったのでしょうか?

ある日、「ちゃんと学校へ行きなさい」「イヤだ」という、いつものやり取りをしているとき、母が私の眼を見て「これはただごとではない」と思ったそうです。後日、「あなたの眼が死んでいた」と言っていましたが、それがきっかけとなって、私をカウンセリングに連れて行きました。

私の場合は、カウンセリングに行くようになってから、少しずつ楽になっていきました。先生は私の気持ちを尊重してくれました。それに、いっしょにカウンセリングを受けていた母の態度も、だんだんと軟化《なんか》していったというか、「学校へ行きなさい」とは言わなくなってきたんです。もちろん、心のなかはちがったのかもしれませんが、直接言われなくなっただけでもだいぶ楽でした。

図書室が居場所だった

今、私は高校で図書室の司書として働いています。私は不登校のころ、図書室が居場所だったんです。本を読んでいれば、誰とも話さなくてすみます。それに当時の図書室の司書が、私のグチをたくさん聞いてくれて「こういう人になりたい」と思っていたんです。実際に司書になったら、思っていたよりも忙しくてたいへんなこともありますが、自分が選んだ本を生徒が読んで、読書好きになったと言ってくれるのがうれしいですね。

――親の立場の方に伝えたいことはありますか？

親の言葉は子どもにとってはすごく大きいんです。私はとくに、母や同居していた祖父母の言葉でつらくなることが多かったです。一番イヤだったのは「ふつうにしなさい」でした。ほかにも「ほかの子は行けてるのになんで行けないんだ」「この先どうするの」「あなたのためを思って言っているのよ」などでしょうか。きつかった言葉は今でも覚えていますね。

不登校しているとき、私は「今」でいっぱいいっぱいでした。「今」しか見えていないときに、過去のことも、将来のことも、頭には入って来ません。当時、思っていたのは「私はずっとこのままなんだ」という絶望的な気持ちでした。なるべく、本人を否定しないような言葉をかけてあげてほしいと思います。

原因究明よりも明日の飯

西原理恵子

聞き手＝子ども若者編集部

西原理恵子（さいばら・りえこ）

1964年、高知県生まれ。97年に『ぼくんち』で文藝春秋漫画賞、2004年に『毎日かあさん　カニ母編』で文化庁メディア芸術祭マンガ部門優秀賞、05年に『上京ものがたり』『毎日かあさん』で手塚治虫文化賞短編賞を受賞。11年に『毎日かあさん』で日本漫画家協会賞参議院議長賞受賞。

――不登校についてはどう思われていますか？

西原　なんでみんなは学校に行ってるのかなと不思議なんです。そもそも、公立だろうが、私立だろうが、学力が高かろうが、低かろうが、みんな塾《じゅく》に行ってる。学校は何をするところなの？

ただ、学校に行かない人が、学校に行きたい人と争っていてもしょうがない、とは思ってます。やっぱり学校に行かなければ、マイノリティだからいじめられます。横から「こうあるべき」ということを言ってくる人がいるでしょう。そういう人と言い争っても不毛ですよ。「学校がなにより大事」と思っている人は、もうそういう文化を持っている人ですから。

そういう人と争うのは、先祖の供養《くよう》中に「ここに先祖なんかいないんだ！」って、仏壇《ぶつだん》をひっくり返すことといっしょ（笑）。行かない人たちどうしで情報を共有するのが一番じゃないかな、と思っています。

人間はみんなバランスが悪い

――不登校の子を持つ親についてはどう思われますか？

西原　御自身で悩んでもいい事なんにもないので、専門家や経験者と話してみて下さい。子どもより先に親が何を不安がっているのかを解決したほうがいいと思います。

小児科で働く看護師さんに聞くと、「まずはお母さんを落ち着かせるのが仕事」だと言ってました。親がつらいと子どももつらい。先輩達に話を聞いて、いろんな経験則を頭に入れてるだけでだいぶちがうと思いますよ。

ただ、たいがいの親はしょうがないかな。人間って、みんなバランスが悪くて、どっかしら病気なんです。とくに母親の場合は、子どもに何かあったら、世界中から「母親が悪かった」と言われる。だから、「母親」という病気を持ってしまうんです。

いずれ子は親を捨ててどっか行ってしまうんで、とにかく一人で悩まないで下さい。親戚《しんせき》のおばちゃんとか素人《しろうと》に相談するのもダメです。

――私の父はお金がなくてもギャンブルを続けてます。どうしたらいいでしょうか？

西原　私も最初の父親をアルコール依存症で、二番目の父親をギャンブル中毒で亡くしました。二番目の父親は、私の貯金まで全部持っていきました。

あなたのご家族は、お父さんが病気だということに気づいていますか？　病気はサイエンスでしか看ちゃいけません。家族は素人だから看ちゃいけないんです。あなたがガン患者《かんじゃ》を看たら、知識不足でかならず病状を悪化させてしまいます。それと同じで、家族が面倒を見るとよりお父さんを悪化させます。

お父さんが、わけのわからない行動をとったり、いくら注意をしても困らせるのは病人だからです。40度の高熱をだしている人に「お前には根性がない」って言ってもしょうがないでしょ（笑）。病気なんです。家族が自覚しなきゃいけない。

家族は後方支援だけ

どうしても素人だと「あなたも悪かったんじゃ？」とか、とんでもないことを言い出してしまう。一番有効だと言われているのが、同じ傷、同じ経験を持った人たちや家族と話し合うことです。そこには同じ病気から切り抜けた人がいます。サバイバーと言われている人たちです。そういう、うまくいった経験を聞くのが一番いい。みなさんのようにつながっていれば、いい医者もとんでもないバカ医者も知っているでしょ。私も自分か家族がアルコール依存症《いぞんしょう》になったら、どこの病院のどこの部屋に行けばいいのか、わかってますから。

だから、家族は後方支援だけ。どんなに愛していても、いったん関係を切らなくてはいけないんです。

――関係は切らないといけないんですか？

西原　それが特効薬です。でも、ほとんどが間に合わなくて死ぬから（笑）。それもしょうがない。

私も父がすごく好きでしたが、父が首を吊《つ》って亡くなったとき「死んじゃってよかったな～」と。だって、生きている間、すごくしんどそうでしたからね。人間はかならず病気になって死にます。それがガンや交通事故じゃなくて、たまたま早かったという割り切り方をする。親に問題があると、子どもは人よりちょっと早く大人にならなくちゃいけない。でも、同じような境遇《きょうぐう》の人は世界中に山ほどいます。今回、家族とはご縁《えん》がなかったということで別れましょう（笑）。

原因究明はすべきでない

西原　この先、あなたはなぜ自分がこんな状況になってしまったのか、考えるときがくるでしょう。でも、その原因究明はするべきじゃありません。原因を究明しても、誰かを悪者にして終わるだけ。誰も助からない。明日、どうやって飯を食うかのほうが、よっぽど大事です。だって、立ち止まったらかならずよどむんです。よどむときついんだ。自分を苦しめてきた存在が３Ｄになって、いつでもよみがえってくる。

私の母親がよかったのは、何があっても2人の子どもを育てるために働くのをやめなかったこと。何があっても働く。女はそれができるぶん、強いですから。

あなたはお父さんから学んだと思います。ギャンブル、借金、貧乏《びんぼう》、そういうくだらない男の怖さを知ることができました。でも、かならず、またそういうチンケな男をひっかけます。世の中にはそういう女性がいるんです。私がそうなんだけど（笑）。だから、同じ轍《てつ》を踏む人生だとあきらめましょう。そして、同じ轍を踏んだときには、長引かせずにさっさと解決しちゃいましょう。

——私も家族との関係で苦しんでいますが、まわりからは「苦しいときには逃げていい」と言われます。でも、どこにも逃げる場所がありません。

西原　話を聞いてると、家族全体に病気が蔓延《まんえん》しているんでしょう。私は、家が八方ふさがりなら、もう働くしかないんじゃないかな、と思います。勉強なんてあとからでもいい、いつ方向転換をしても遅くない。だから、いまは2〜3年先の計画を立てて動いたらいいいんじゃないですか。

日本は、いい国です。夜中に歩けるし、時給800円程度の仕事ならば山ほどある。「たかだか800円か」と思うかもしれないけど、1日8時間、マックで働いたら6400円ももらえる。10日間も続ければ、1ヵ月分の家賃は充分に払えるし、それを続けていれば、具体的に家を出る計画が見えてくる。

逆に、1日中、親に怒っていても1円にもならない（笑）。途上国に行ったらもっと過酷《かこく》な状況ですから、そういう環境じゃなかったのはやっぱりラッキーなんです。

褒《ほ》められる場へ配置転換を

西原　苦しければ具体的に計画を練るしかないんです。親戚の家や友だちの家に行っても逃げられない。「ちょっとお茶を飲みに」という感じで逃げられるわけはないんです。逃げるときは本気で逃げるしかない。

それに、働いていればきっといいことがあります。仕事がイヤでも、いろいろと職を変えていれば、尊敬している人には会えるし、うんと図太くなれる。イヤなヤツがいても、働いてたらヒマじゃないから気にしてられない。家族にも構ってられない。

私も最初は、すごく安い給料で働き始めました。もしあなたが働き始めたとき、時給が８００円だったとしたら、その値段はあなたに対する値段です。いまの自分が安い人間だということも自覚してください。

でも、働き始めてうまく配置転換をくり返していけば、褒められる場所にかならず行き当たります。そして褒められる場所にいれば、時給も上がっていきます。

私は駆《か》け出しのころ、マンガ家としては雇《やと》ってくれないとわかっていました。だから、エロ本まで仕事を下げて、いっぱい修行を積みました。下に落とせば仕事をくれるんです。がんばっていれば現場ですごくかわいがってもらえます。まわりにいた食えないマンガ家は、みんな「そんなことはできない」と言った。でも、それが一番やっちゃいけない。

飯を食うためだったら、なんでもしなきゃ。そこで文句《もんく》を言うヤツは永遠に仕事をもらえない。仕事があれば知識を身に付けることができます。

私は25年間、マンガ家を継続してきたことによって身に付いた知識があります。それは生まれついてのものでも、急にできるようになったものでもありません。やり続けてきたからです。そして、たった数万円で「殺す」だ「死ね」だ言い合ってた家族を見てきたこと、お金がないと人は獣《けだもの》になるんだってことをきちんと心に刻んできたからです。

とにかく大人になる

西原　大事なのは自分の子どもにまで同じ目にあわせないこと、なんとか貧困の連鎖《れんさ》を断ち切ることです。そうしないと、自分が生まれた環境をもう一度くり返すことになります。だから、あなたはいまの家よりちょっとだけマシな家を目指しましょう。すんごい金持ちになれとか、幸せになれとかは言わないから。

看護師さんなんていいんじゃない。「ありがとう」と言われてお金をもらえる職業だよ。人と付き合うことが苦手だったら、家のなかでできる仕事は山ほどあるし。

とにかく大人になることとなんです。残念ながら、あなたの成人式はもう終わりました（笑）。大人はいいよ〜。私は子ども時代になんて絶対に戻りたくない。1円ももらえずに机に座って、親や先生からガミガミ文句だけ言われる。あるいは前髪《まえがみ》を触って1日が過ぎるんでしょ。それに比べて大人はずっといい。

あなたも、よかったら世界中を放浪《ほうろう》してみたら？　いま、抱えている問題がすごく見えやすくなると思います。

あきらめるのは、肯定するのと同じ勇気がいる

田口トモロヲ

聞き手＝子ども若者編集部

田口トモロヲ（たぐち・ともろを）

1957年、東京生まれ。俳優、ナレーター、映画監督として幅広く活躍している。監督作に「アイデン&ティティ」「色即ぜねれいしょん」「ピース オブ ケイク」。パンクバンド「LASTORDERZ」のボーカルとしても活動中。

――田口さんはどんな10代をすごされていましたか?

田口　え～っと、みなさんといっしょで、ほぼ不登校（笑）。父親の仕事の関係で引っ越したのをきっかけにいじめられ始めて……あれは三鷹《みたか》の中学校だったかな。あの時代は、自分のなかの暗黒期だから、心理的に記憶を封印《ふういん》したいのか、よく覚えてないんです。とにかく中学・高校時代は学校と家に居場所がなくて、映画館の暗闇《くらやみ》に逃げ込んでなんとかやりすごしていた時代です。それが高じて映画を好きになったんですが、好きで映画を見始めたわけじゃありませんでした。

ただ、その当時、ちょうど映画が変革期を迎えていて、それまでの美男美女のヒーロー・ヒロインが活躍《かつやく》する映画が廃《すた》れ、もっと現実路線のアメリカ映画が増えてきたころです。ああいう映画を見られたこと、それとパンクに僕は救われたんです。だから、大げさに言えば、僕は映画に恩返しをしたいんです。

――印象的だった映画は?

田口　ダスティン・ホフマン主演の「真夜中のカーボーイ」とか「わらの犬」「レニー・ブルース」、それからサム・ペキンパー監督《かんとく》の「ワイルドバンチ」は、本当に好きな映画で、いまでも見返します。ダスティン・ホフマンやアル・パチーノは外国人のなかにいたら小さく見えるでしょ。僕もチビだったからすごく自己投影《とうえい》できたんです。

希望のないストーリーに救われた

田口　当時は現実路線を目指して暗いストーリーの映画が増えてきていたんだけど、僕が救われた映画はそのなかでもとくに暗い話（笑）。ドロップアウトした人間たちが、現実に翻弄《ほんろう》されながら、仕方なく争いに巻きこまれて戦っていく。けれども大きな力には勝てずに、最後は押しつぶされて、ぶざまに死んでいく。そういうまったく希望のないストーリーに僕は救われたんです。「ああ、これでもいいんだ」「負けてもいいんだ」「人生は何でもありだ」と思えた。「大事なのは結果じゃなくて過程なんだ」と。それは正論しか言わない映画、ましてや学校では教わらなかったことです。

だから、誤解を生む言い方ですし、言っちゃいけないことかもしれませんが、僕は「死んでもいいじゃない」と思えて救われたんです。それまで本当に地獄《じごく》だった。学校にも家にも居場所がなくてつらくて、死にたかったけど、その勇気もなかった。映画を見て、生きていること自体が地獄にいることなんだと思ったら楽になれた。ざっくり言えば、いまの状況や自分自身に対して、あきらめて受け入れることができたんです。

あきらめると言うと、ネガティブに聞こえますが、肯定《こうてい》することと同じ勇気だと思うんです。僕は自虐的《じぎゃくてき》な人間だから「自分を肯定する」という言い方より「ダメなんだから仕方がない」という言い方のほうが安心するんで（笑）。

――私は「死ねない」という屈辱感《くつじょくかん》をいまも感じていますが、どうしたらいいでしょうか。

田口　いやあ〜、相談されると、そんなことに自分が答えられる権利があるのかなと思うんですよ……。

だって、僕はいまでも仕事や日常的なことで悩んでいるし、50歳をすぎたのに雲行きはいつでも怪《あや》しい。だから、むしろこっちが相談する側（笑）。この仕事をしていると「好きなことをできていいですね」と言われるけど、俳優《はいゆう》は注文がなければ、失業者（笑）。それなのに仕事はいつもうまくいくわけじゃないし、まわりの共演者はルックスいいし、才能もあれば協調性もある。大手事務所の所属ならば、ある程度、仕事はあるかもしれないけど、うちは町工場みたいな個人事務所だから（笑）。

それに映画づくりってゴールがないから正解も決着もないんです。ある程度、世間から求められることや技術的なことは見えてきたんだけど、自分が求めていたことって、こういうことじゃないなあと気がついたんです。だから、いま、すっごいわかんない。

ちょっと、みんなで今後の生き方をどうするかってことを、プレゼンをしあうっていうのは、どうかな？

——いいですね。

わからないながらに話し合う

田口　僕の上の世代でコミュニティや運動をつくってきた人は、わからないなから話し合ってきたんだと思います。いま僕は監督もやっていて、自分より年下の俳優と接することも多い。いろんなことを聞かれる立場になっちゃった。だから聞かれたら知ったかぶりして答えていたけど、本当はみんな不安なんだから話し合ったほうがいいですよ。それは最終的には仲間をつくることだし、好きな人と出会うことだと思う。何ごとにも代え難いことかなと思います。

――それでも私は生きづらさから解放される気がしないのですが。

田口　経験的に言えるのは、自分のハードルを下げたらいいと思うんです。

本当の自分を見つけたい、自分らしくありたい、やりたいことをやっていきたい、自然体でいたい、幸せになりたい……、そういうものはまとめて捨てたほうがいいです。まず、「自分」なんてどこにもないし、僕は一度も「自分」なんてなかった気がします。幸せになりたいというのも、他人と比較《ひかく》するから不幸や幸福を感じるものだと思います。

それと「やりたいこと」なんかよりも、一つでもすがれるものを見つけたほうがいいですよ。人に迷惑《めいわく》をかけなければ、世間的に地味でも価値がなくても、すがれるものならなんでもすがったらいい。それが一つでも見つかれば、いろんなことが見えてくると思います。

他人はあまり信じてくれないんですが、僕は欲望が少ない方だと思うんです。だから「本当の自分を……」みたいな希望はなかったけど「これはムリ」というものはたくさんありました。いわゆる大人の義務とかマナーもそうだけど、集団のなかにいたり、評価を受けたりするのもイヤでした。いろんなものから逃げて逃げて伏《ふ》し目がちでここまできたんです（笑）。それでも、それなりにやれるんです。

僕はまわりからは芸能界にいると思われているんだけど、自分としてはあまりそうは思っていない。だって、いまでも撮影《さつえい》現場で女優さんを見るとテレビを見ているみたいだし、飲み屋で芸能人に積極的にあいさつするなんてできないんですよ。だって、アマチュアだから（笑）。だから僕が言えるのは、そのグレーゾーンにいても、なんとかやれるということです。

マイルールを決めてみる

田口　それと自分のなかのルールやシステムをつくったほうがいいかもしれません。

桃井《ももい》かおりさんの名言で「40すぎたら同い年」というのがあります（笑）。マイルールを決めちゃえば、苦手なことを強要されたり、イヤなことに巻きこまれても、「あの〜、それは自分のルールにないんで」と思って撤退《てったい》しちゃえばいい。

あと、社会との関わりでめんどくさいときはウソをついちゃってもいい（笑）。長く生きていると、相手の納得するポイントが、なんとなくわかってくるもんです。

監督をしたときに助監督から「役者が持つタバコの銘柄《めいがら》は何がいいですか？」と聞かれたんです。でも、そこまで考えてなかった（笑）。でも、そういうときは「うーん……、キミならどうする？」と聞くことにした。内心は考えていそうな返答でしょ（笑）。そういうウソって細かいことだけど必要なときがあるんです。とくに女子に対してはね（笑）！

彼女たちは生物的に男子より強いから、うまく立ち回ったほうがいいよ。昔、

「泣くな！」と叱《しか》られたことがあるし、きっとビヨンセなんか、もっと強いよ（笑）。ビヨンセってカッコイイよね。ステージに上がると3メートルぐらいに見えるもん。たぶん人類の進化の先のほうにいる人間だよ（笑）。

まあ、話は戻るけど、自分の積極的な意思じゃなくても退路が断たれるとき、自《みず》ら追《か》いつめられて、等身大の自分にできることが見えてくる場合があります。僕も消去法で「あれがダメ」「これがダメ」と拒否して、退路が断たれたときに残されたものにしがみついたんです。しがみつくほかなかったから、しがみついたもののなかで、すこしでも自分が好きなものを取りいれようとしていきました。それはいまでもほとんど変わりません。テーマはいつも一つで「この地獄をどうサバイブして楽園にするか」それだけです。いや〜、ず〜っと、暗い話で申し訳ないです。

――いえいえ、長い時間、心がこもった話をありがとうございました。

＊通常の1時間のインタビューが終わってから、数日後、田口さん本人から「もうすこし、ちゃんと話したい」と連絡が入り、再度取材。5時間にも及ぶインタビューとなった。

孤独になっているときこそ、自分が成長するチャンス

横尾忠則

聞き手＝子ども若者編集部

横尾忠則（よこお・ただのり）

1936年、兵庫県生まれ。72年にニューヨーク近代美術館で個展。以降、ヨーロッパ各国での個展開催など、国際的に高い評価を得ている。2001年に紫綬褒章、08年に小説『ぶるうらんど』で泉鏡花文学賞、15年に世界文化賞、12年、神戸に横尾忠則現代美術館、13年に香川県に豊島横尾館開館。

――絵はいつごろから描いていたのですか?

横尾　ものごころついたころから好きだったね。自分が描きたいのを片っ端から描いていく。当時から模写ばっかりしていて、自分でモノを考えたり、かたちを想像して描いたりすることには興味がなかった。

いまでも、僕のやっていることは模写の延長です。写真を見て描いたり、名画を模写したり。それは、その画家の精神に近づくことです。それこそが僕にとっての創造と歓《よろこ》びなんです。

――絵を描くのに大切なことはなんですか?

横尾　好きになることが、まず第一だね。仕事になるかどうか、受けるかどうかより、描くことが好きかどうか。そうでないと、評価を気にしたつまらない作品になってしまう。

その絵に価値があるかどうかは第三者が決めることで、作者はそこには存在しない。展覧会に並んでいるのは過去の作品で、アトリエで描いている絵が「いま」という瞬間《しゅんかん》なんだ。たったいまという瞬間が一番大事。「いま」という瞬間に、自分がどれだけ充足しているか。

それから、僕は、孤独《こどく》になって、一人だけの世界に没頭《ぼっとう》して描くのが好きなんだね。孤独を恐れちゃいけない。孤独を味わうこと。孤独になっているときこそ、自分が成長するチャンスだ。

ボーっとするなら、徹底《てってい》してボーっとしなきゃ。「今日はゴロゴロするぞ」と意識して決める。なんとなくゴロゴロしてると、夕方ぐらいになって「何してたんだろ」って、わけのわからない罪悪感にかられるからね。

——社会と自分との関係をどのように考えてますか？

横尾　誰だって、社会のなかで生きているわけだけど、まずは自分がある。メシを食ってるのは、世の中や会社のために食ってるわけじゃない。自分の命を持続させるために食ってる。まず、自分、自分の体だからね。

単純なことから考えていく

横尾　だけど、ほとんどの人は、頭が先に行っちゃってる。頭は過去に戻って考えるのが好きだから「ああでもない、こうでもない」と迷う。体は全然迷わない。眠いと思ったら迷わず眠ればいい、腹減ったと思ったら、迷わず食う。頭で考えて、止めようとしても、生理的なこと、体が求めることは基本的にはどうしようもない。

ところが、世の中に出ていくと、だんだん、そうではなくなる。常識や慣例といったものが、目に見えない力で自分に制約を加えてくる。そこで、体の要求しているものを頭の考えに切り替えてしまう。12時がお昼休みだから、ご飯を食べる、とかね。肉体の脳化が必要ってわけさ。

体の要求に従うと、自分の本性、本能で行動できる。それは、好き勝手することとはちがう。頭や価値観や見栄《みえ》や欲望に振り回されているのは、本能じゃない。もっと根底にある意識、本能を見極めて、それに従うことが必要です。

絵を描いていてもね、どうやったら受けるだろうとか考えていると、不安ばかり肥大化《ひだいか》してしまう。結果を気にするのは人間の欲なんだよね。頭で考えて行動することも必要だけど、いまの人は、体の要求に従わなさすぎる。頭でっかちになりすぎだね。

それから、自分の問題、身近な問題を考えることが大事だと思うな。「社会」

なんて、目に見えないドデカイものを考えてたら、ワケがわかんなくなる。まず、自分が何をしたいのか、何が好きなのか、単純なことで考えていかないといけない。

目の前に問題があれば、その問題について考える。その積み重ねによって、どんどん成長をする。いきなり成長しようとか、いきなり社会で同等にやっていこうとか、大もうけしようとか、有名になろうとか思わないこと。それは結果だから。結果を目指して、やっきになる。まずプロセスが大事。

学びは手段じゃない

――学ぶということについては、どのように考えていますか？

横尾　子どもはみんな好奇心を持っていて、小さな虫を見つけても、いつまでも見つめてたりするでしょう。そこから出発するのが学びだと思うな。それが仕事のためだとか、将来のためとか、自分の環境を整えるために学ぶというのは、学ぶことにならない。

知識とか教養なんてものは、必要や体の要求があれば、自然に身につく。何かのためにやっていても楽しくない。手段としての仕事になっちゃう。そこには遊びの要素もないし、自由も快楽も何にもない。いまやっていること自体を目的にしないと。

次のことを考えながら、いまを生きてたら楽しくないじゃない。自分を今日、ちゃんとやっていること。今日が明日に続くんだから。

――横尾さんのお子さんも学校に行かなかったそうですね？

横尾　二人とも高校の途中から行きませんでしたね。息子《むすこ》は高校の時、イジメがあったりして、1日中、新宿の街をウロウロして、下校時間に帰ってきていた。僕は、それを知らなかったのね。白髪《しらが》が出てくるくらい学校がイヤになっていて、体にまで影響《えいきょう》しているのはよくないだろうと思って、辞めさせた。

娘は中2のころからで、僕は学校の先生と話して、学校に行かないことを認めさせた。娘は「タレントになりたい」と言ってね。結局、その目標どおりに生きているわけじゃないけど、その過程で学んだことはいまに活きている。

みなさんを見てると、不幸な顔をしている人はいないし、不登校は大賛成だね。学校はよけいなことが多くて、難しすぎるよ。理科でも数学でも、みんなが科学者になりたいわけじゃないんだからさ。僕なんか、足し算も両手を使って指折り数えてるし、いまは九九もできない（笑）。

――実感のない「学び」が多いですよね。

横尾　いまの大人社会で一番足りないのは、感性です。縄文《じょうもん》時代なんかは、自分で猟《りょう》をし、薬も自分でつくって、家も建てて、食器もすべて自分の力でやっていたわけでしょう。そういうなかで得られるのが、感性だと思う。いまの社会はすべてが分類化・専門化してしまって、そこからは感性は生まれない。

絵を描くんだったら、キャンバスを組み立てるところからやる。そこで絵を描く心構えができてくる。そのときに与えられるものが感性ですよ。あれは神が与えてくれると思ってもいいんじゃないかな。コンピュータでボタン一つで自分のイメージする絵がつくれるのは便利だし、おもしろいものができるかもしれないけど、そこから生きていくための感性が得られるかどうか、疑問もありますね。

感性に従えば、必ずいい方向に向かう

横尾　学校教育でみんなが同じ方向を見て、同じ教育を受けて、同じ考えを持つようになったら、感性は浮かんでこない。感性には、将来も、目的も関係ない。いきなり、ボンッと来る。その感性に対して、損か得かで考えちゃダメだ。感性に従えば、必ずいい方向にいくから。それが失敗したら、それはどこかで頭の考えが入ってたんだよ。自分の考えや思想だけで判断するとたいへんなことになる。

最終的には感性が芸術をもたらす。それは、経済的なことより、もっと大事なことだと思います。

だから、いまのような便利なシステム化された社会のなかで、学校を辞めたってことは、すごいことだよ。あなたたちは、あえて自分で自分にハンディを背負ったわけでしょう。世の中が背負わせたんじゃない。

人間に何が一番重要かと言えば、「自立」ですよ。あなたたちは、学校を辞めた時点で自立が始まっている。今日まで死なないで生きてきたってことは、

何かのかたちで自立しているということだと思う。そしてこれからも、死ぬまで自立し続ける。だから、生きていて楽しい。

親でも自立できてない人が多いから、子どもが学校に行かなくて、怒るんだよ。子どもはいつでも自分の後ろにいると思ってるからね。

――今後の活動のご予定を聞かせてください。

横尾　何もない。今日の仕事はあるけど、明日という未来はわからないし、何も決めてないよ。最後は、死しかないしね。だから、できるだけ自分に忠実に、うそをつかないようにしたいと思ってます。

column 2

失敗はするものです

書き手＝「不登校新聞」編集長　石井志昂

『不登校新聞』の子ども若者編集部メンバーと取材をする場合、トラブルが続出します。

決められた時間と場所に来ると言って来なかったり、来ないと言って来たりすることは日常茶飯事《さはんじ》すぎて、くわしく覚えてもいません。

と、えらそうに書いている私も、社内では屈指《くつし》のトラブルメーカーです。取材時に写真を撮《と》り忘れたり、音源を録り忘れたり、取材や打ち合わせの約束をすっぽかしたり、講演時間のなかばまで家で寝ていたり、なかなかやっちまっています。

そんな私が「失敗はするものです」と思っているので、編集部メンバーも背中を押されるのか、たくさんのトラブルを起こしてきました。

トラブルが起きる原因はただ一つ、真剣に取材に取り組もうとするあまり過度に緊張《きんちょう》してしまうからです。緊張しすぎてしまい、取材前から道端《みちばた》で座り込んだり、前日に一睡《いっすい》もできず血走った眼で現場に来たりします。取材が始まると緊張感はさらに高まり、誰かとメールで相談を始めたり、取材相手にため口でうんちくを語りだしたり、過呼吸気味になったり、いろんなことがありました。

そんなときは、みうらじゅんさんの「10代のころはまじめすぎて非常識になる」(『不登校新聞』99年4月1日号)という言葉が胸に染みてきます。

北海道浦河町《うらかわちょう》には「べてるの家」という精神障害などをかかえた方たちの地域活動拠点《きょてん》があります。「べてるの家」は「べてるはいつも問題だらけ」と公言し、問題だらけの人生や場を肯定《こうてい》する力の獲得《かくとく》を目指しています。私たちの編集部は、まだ「べてるの家」の領域には達していません。けれども、トラブルが起きることが問題なのではなく、多少のトラブルを許容できないのは組織として許容量が狭《せま》いとは思っています。だから私たちは「失敗はするものです」と言い続け、それが「あなたはあなたのままでも大丈夫」というメッセージになるのではとも思っています。あっ、もちろん、わざとトラブルを持ちこむのはお止めください。

私たちはもっと揺らいでいい

玄侑宗久
聞き手＝子ども若者編集部・不登校の子を持つ母親たち

玄侑宗久（げんゆう・そうきゅう）

1956年、福島県生まれ。臨済宗妙心寺派福聚寺住職。2001年に『中陰の花』で芥川賞を受賞。2014年、震災に見舞われた人びとの姿と心情を描いた『光の山』で芸術選奨文部科学大臣賞受賞。

――息子《むすこ》が不登校をしていたとき、本当に苦しそうでした。親としては学校に行く、行かないよりも、そのようすを見ているのがつらかったです。どう寄り添えばいいのでしょうか?

玄侑　不登校の息子がいる、自分を揺《ゆ》るがす存在が近くにいるということは鏡が近くにあるようなものです。自分を照らす鏡ゆえに、自分が苦しいときは、その存在が苦しさを増幅してしまいます。「救いたい」という気持ちもよくわかりますが、共倒れになりかねません。

難しいですが基本的には「あなたが学校に行こうと行くまいと、私の人生に何の関係があるの」という、ほとんど太陽のようなあり方をしていたほうがいいと思いますね。不登校にしろ、病気にしろ、それはたんなる一つの現象にすぎません。その現象や症状《しょうじょう》が、病気とか、健康とか呼ばれるだけのことです。無難な症状だけを見せていれば健康と呼ぶわけです。症状だけをどうにか押さえつけたところで大きくは変わらないでしょう。

理屈《りくつ》にならない行動はいっぱいある

――私は不登校でしたが「いまの自分ではダメだ」という思いに苦しんできました。「自分」についての悩みをどうすればいいでしょうか？

玄侑　過去を一貫《いっかん》したものとして語ろうとするから苦しいんです。歴史の教科書みたいに自分の歴史があると思うのは誤りで、そういう目線は他人に任せればいいんです。私のなかの一貫性さえわからなくていいし、理屈にならない行動なんていっぱいあるんじゃないですか。

日本人は「人のうわさも75日」と言ってきました。75日間が経ったら、どうなるのか。季節が変わるんです。春の気分は夏には続かず、秋風が吹くとまた気分も変わる。そういう変化こそ自然です。首尾《しゅび》一貫した私を想定すること自体、この四季豊かな国においてはステキなことじゃありません。

人間はきっと動物と植物の要素をどちらも持っているのでしょう。動物は基本的に「変わらない」ことを好みます。変わらない環境を求め、あちこちに動き回る。渡り鳥なんかその典型です。一方、植物は動けません。でも「動かない覚悟《かくご》」を決めたから、自分を変えてその環境の変化に応じていく。冬の木は葉っぱを散らし死んだようにも見えますが、あれで生きているわけでしょう。

しあわせへのポイントはいかに自分を変えるか

玄侑　人は「変わらない」ことを大事にしすぎているんじゃないでしょうか。何かを経験すれば「人生とはこういうものだ」と確信を持とうとする。揺らがない、ブレない、それがアカンのです。頑丈《がんじょう》そうに見えて免震《めんしん》構造がない。

現実は、つねに新しい局面を迎えていきます。「いま」を見て、感じて、合せていく。そのためにはいったん揺らがないといけません。「揺らいでいい」という自覚を持つことが「無常《むじょう》という力」です。世の中は無常であるし、私も無常なんです。

仏教では昔から「揺らぐ」ことを「風流《ふうりゅう》」と呼びました。揺らぐことが自然だと思っていれば、あるいは植物のようにあれほど変化していいと思えれば、もっと楽になれるんじゃないでしょうか。

——東日本大震災《だいしんさい》によって多くのものが壊《こわ》れ失われました。玄侑さんはどう思われていますか？

玄侑　たしかにさまざまなものが壊れましたが、逆にあらわになったこともあると思います。なんというか、それは、その人にとっての人生のテーマみたいなものじゃないでしょうか。

つまるところ、すべては関係性のなかにあります。そして人はいろんな関係性のなかに自分を映して見る存在です。今回の震災を受けて、漁師さんはかなり早い段階から「それでも私たちは海で生きる」と宣言していました。船や漁具が壊され、住む場所さえ失われたとしても「漁師としてどう生きていくべきか」は自明のことだったからでしょう。

誰が正しいかよりも、どう付き合うか

玄侑　ところがいま、「関係」を二元論的に捉えている人が多いように感じます。端的に言えば敵か味方か、善か悪かの両極端《りょうきょくたん》。関係というのは無限のバリエー

ションがありますけどね。たしかに、そう考えてしまうのもわかりますけどね。たとえば、いまの子たちは両親の意見が食いちがっていると悩むでしょう。母と父、どちらの意見が正しいのか、どちらに付くべきなのかが迫られてしまう。でも、昔は両親の意見なんて、いっしょじゃなくてよかった。近所のおっちゃんやおばちゃんがいたからです。

そして、みんながそれぞれ自分の正しいと思うことを言う。そうすると誰が正しいかなんかよりも、それぞれの人と「どう付き合えばいいのか」を考えるようになりますよね。そういう和合《わごう》を保っていく技術が必要なんじゃないかと思うんです。

これが人間ではなくて自然ならばより顕著《けんちょ》です。自然なんてまったく思うようになりません。その自然とどう付き合っていくのか、関係性を崩《くず》さずに和合を保つための技術は人生の基本ソフトとして構築していく必要がある。

学校でたとえれば、よりわかりやすいかもしれません。子どもに「国・算・理・社って、なにが大事なの？」と訊かれたら、たいがいの大人は困ってしまう。そんなもん大事じゃないからです。ようは国語の先生、算数の先生たちと、どう付き合うか。そこまで言うと学問への冒涜《ぼうとく》に聞こえてしまうでしょうかね（笑）。

でも、先生との関係がよければきっとその教科への理解も深まるでしょう。いい先生、悪い先生なんていうのは狭《せま》い価値基準でしか測っていないから出る言葉なんです。先生なんて八百万《やおよろず》。それぞれの先生とどう付き合うかなんです。『しあわせる力』でも書きましたが、人と人の関係のなかに日本人はしあわせを感じてきました。試合のことを昔は「仕合」と書きました。人と人がぶつかり合うという意味です。同じ頃、人と人との関係がうまくいくことを「仕合わせ」と呼んでいました。

いま私たちが思っている西洋の幸福観、つまり個人のなかで完結する幸福とはだいぶちがいます。日本人のしあわせ観に立てば、自分をいかに変えられるか、これが大きなポイントではないでしょうか。

小さな自己にこだわらない

――「関係」についてですが、死者との関係はどうしたらいいのでしょうか。私は流産《りゅうざん》の経験があり、その子のために般若心経《はんにゃしんぎょう》を始めました。

玄侑　死者との関係も大事なものです。生きられなかった子のために般若心経を書くということは非の打ちどころがない話ですね。でも、なんというか……、それで物語は終わっていないでしょう。ちょっと話がキレイすぎる。

意識というのは、じつに不可思議で深いものです。般若心経を書いている以外にも、無意識ながら、へんなことをやり続けるみたいなことがあったんじゃないでしょうか。理屈にならない行動もあわさって、ようやく人の心は落ち着くものだと思うんです。

――著書では「主体的に生きる」ことが大切だと書かれていますが、主体的に生きるとはどういうことでしょうか？

玄侑　小さな自己にこだわらないということです。「こうしなければ自分は崩れてしまう」と思うものにこだわっていると、どんどん主体性は小さなものになっていく。逆に「みんながそう思っているならやってみようか、それで崩れる私じゃないし」と思えれば主体性は大きくなっていく。

わかりやすいのは食わず嫌いの例でしょう。「カラスミなんて食べません」と言う人がいるとします。ただし、カラスミは一度も食べたことがない。カラスミを食べないことで守られる自己なんて守らなくてもいいでしょ(笑)。

学校に行っても、行かなくても、崩れない自己はあるわけです。守るべきはそちらのほうです。それさえ守れれば「じゃあ行ってみようか」と思ってもいいわけでしょう。

思考はキリがないから、時間で区切ってみる

――「太陽のように」という言葉がありましたが、ひきこもっているとどうしてもそうなれず、考えざるを得ない状況になります。

玄侑 思考というのはキリがないようにできているんです。そういうときは時間で区切るほうがいいと思います。正午になったからお昼を食べる、30分間掃《そう》除《じ》をしたからやめる、というようにです。

「キレイになるまで片づけよう」と思ったら、一生、掃除しなきゃいけないで

しょう（笑）。精神分析《ぶんせき》の世界でも時間で区切ることの重要性は指摘《してき》されていますし、禅《ぜん》の問答《もんどう》の終了時には鈴《すず》が鳴らされます。時間で区切るというのはある意味で論理を超える方法なんです。

――不登校というのはやはり少数派です。少数派としてどう生きていけばいいのでしょうか？

玄侑　少数派、大多数派というものがあると想定していること自体、すでに国からの見方をしています。国というのは管理することを目的にしています。ですから、もともとバラバラであった国民を少数派や多数派というふうに分けて見ています。でも、国の見方から外れれば「人それぞれ」というのが当たり前です。

第一、学校でわかることはホントにわずかなことです。そのわずかなことに物差しをつくって人をきっちり選《え》り分ける。そういう場です。昔、中国では官僚《かんりょう》を家柄《いえがら》で選んでいました。それではあまりに露骨《ろこつ》だということで科挙《かきょ》（試験）の制度が生まれました。

試験があるなら、誰にでも機会が均等に与えられ、がんばれば出世ができるという道が切り開かれたわけです。一見、チャンスや選択肢《せんたくし》が広がったかのように見えて、その選択自体を拒否することはできない仕組みになったわけです。

国が人を選んでいるということを知るのはショックですが、やはりそこは自覚的になったほうがいいでしょう。国家に取り込まれて少数・多数と分けるのではなく、みんな別々、バラバラのものだし、それでいいんだ、と。

「考えない」という決断も重要

――最後に不登校、ひきこもりの人へのメッセージをお願いします。

玄侑　仏教に「五蘊盛苦《ごうんじょうく》」という言葉が出てきます。五蘊盛苦とは、心や体が盛んであるために苦しいという意味です。

夏は草木がうっそうと茂《しげ》っています。冬に比べると、とても活発なように見えますが、じつは日が差しにくく風通しもよくない。心や体が盛んに動いていると、まわりからはすごく充実したように見えますが、じつは苦しんでいることもよくあります。

盛んになることよりも、この心と体をうまいこと使いこなしていくほうが大事なんです。うまく乗りこなすには時間がかかります。でも、だんだんとうまく乗りこなせるようになれば気持ちがいい。みなさんは、そのあいだのちょっと苦しい状況にいる、ということなんだと思います。

それと、すごく悩んでいるときは「ここは考えないでおこう」という決断も重要です。しばらく問題を漬《つ》けておく。考えつめればいい結論が出ると思うのは甘《あま》いんです。坊さんの世界では「しばらく潤《うる》かしましょうか」なんて言っています。

宮本亜門

聞き手＝子ども若者編集部

「不安がる自分」を否定せず、やりたいことをやる

宮本亜門（みやもと・あもん）

1958年、東京生まれ。ミュージカル、オペラ、歌舞伎など、ジャンルを超える演出家として国内外で幅広い作品を手がける。2004年、ニューヨークのブロードウェイにて、ミュージカル「太平洋序曲」を上演し、トニー賞で4部門にノミネートされた。

——宮本さんも不登校だったと伺いました。当時の状況を教えていただけますか。

宮本　そもそも幼稚園《ようちえん》のころから集団生活が苦手でした。学校へ行かなくなったのは高校2年生からで、ずっと苦しんでいました。次の人生があったとしても、学校には戻りたくないですね。

僕が生まれ育ったのは、銀座《ぎんざ》の新橋演舞場《しんばしえんぶじょう》のすぐ前にある喫茶店《きっさてん》です。街には、いつもどこからともなく三味線《しゃみせん》や小唄《こうた》が聞こえてきて、人力車に乗った芸者さんが来たりする、言わば大人の雰囲気《ふんいき》に満ちた場所でした。そんななかで、和物《わもの》に興味を持った僕は、学校に行っても誰とも話が合いませんでした。

テレビで見たお笑いなど、まわりが話題にしていることに興味がない。だからみんなのなかにいると孤独《こどく》を感じる一方で、仲間外れになるのが恐くて、適度にニコニコしながらすごしていました。でも、そういう自分がきらいでした。そんな矛盾《むじゅん》で自分自身を否定し、ついには自殺未遂《みすい》をしたこともあります。

僕はひきこもりの先駆者《せんくしゃ》

宮本 そして約1年間、ひきこもったわけです。当時は本当につらかった。「学校へ行ってほしい」という両親や周囲の気持ちもわかるけど、行けない。そのうち、学校が怖くなり、同世代の眼が怖くなり、街を歩いただけでぞっとしてくる。生きていても、ただ不安が募《つの》るばかりで、何が自分に起きているのか、うまく説明できない。

社会のレールに乗れない自分が悪いんだと思い、それを感じている自分にまた切なくなる。そんな悪循環《あくじゅんかん》から抜け出せなかったんです。「学校だけが人生じゃないはずだ」と思いたくて道を探すんですが、答えが見つからない。僕が、ひきこもりをしたのはそれが理由でした。

――40年以上前のお話ですが、いまの10代も同じようなことを話します。

宮本 僕はひきこもりの先駆者世代だから(笑)。ひきこもって数カ月してからNHKで「登校拒否症《しょう》」についての番組を観たことがあります。

NHKが初めて登校拒否について報道したものだと思います。少なくとも「登校拒否症」という言葉があるのを僕が知ったのはそのときでした。番組内容はあまり覚えていませんが、「登校拒否症」という言葉に、不登校が病気だと決めつけられたようなショックを受け、わけもわからずに泣いてしまったのを覚えています。

――テレビで初めて不登校について知るぐらい、認知度が低かったんですね。

宮本　そうです。その後、いろいろあって慶應義塾《けいおうぎじゅく》大学病院の精神科医のところへ行ったとき、先生が僕の話にすごく興味を示してくれましたから、めずらしかったんだと思います。

何を話しても「君の話はおもしろいね」と。僕自身が「これは言ってはダメかな」とか「否定されるかな」と思う話でも「おもしろいねー」の連発で（笑）。精神科医という立場の人だし、僕も最初はあまり話したくなかったのですが、リラックスさせてくれる方で、そんなやりとりのなかで心がどんどん軽くなっていきました。

「明日もいらっしゃい」と楽しげに送り出してくれるので、つい通ってしまいました。途中からはインターンの人も交えて話をし、どんどん自分が解放されていきました。

あのときの自分に憧《あこが》れさえ感じる

――では、宮本さんにとって不登校、ひきこもりのときに支えになったのは精神科医だったんでしょうか?

宮本　僕にとって一番心の支えになったのは、音楽と写真集です。もちろん精神科医との出会いは大きなものでしたが、まず支えになったのは音楽です。

家にあるレコードは10枚だけ。それを何百回も聴き直したんです。すると聴くたびに音楽が毎回ちがって聴こえました。あるときは歌声が、あるときは音の重なりが、自分のなかに入って来てバーンと広がる。自分のなかで音があふれかえり、勝手に音楽が視覚化してカラフルなイメージが湧《わ》いてくる。頭のなかで花火が上がったり、荒波が押し寄せたり、人が踊《おど》りだしたり……。いつのまにか興奮して鳥肌《とりはだ》まで立ってきて、気がついたらベッドの上で飛び跳《は》ねている。そうすると表にいた母親が心配して「どうしたの?　大丈夫?」って(笑)。

最高に幸せな時間でした。残念ながらあのころほど研《と》ぎ澄《す》まされた感覚、ピュアな思いを持つことはできません。今では憧れさえ感じています。あのときに感じた「喜びと興奮」をどうしても誰かに伝えたいという思いが、演出家を目指す土台になったのですから。

両親は学校だけは譲《ゆず》らなかった

――宮本さんが不登校だったとき、ご両親はどんな反応だったのでしょうか。

宮本　そりゃあもう、たいへん驚きました。父は慶應義塾大学出身で慶應が大好き。僕の子守唄は慶應大学の校歌です（笑）。母はとってもエネルギッシュな人でした。肝硬変《かんこうへん》を患《わずら》って入退院をくり返し、僕が21歳のときに亡くなるんですが、一瞬《いっしゅん》もムダにせずイキイキと一回かぎりの人生を生きていました。僕は母に憧れる一方で、こんなにイキイキとは生きられないんじゃないか、と思ってました。

両親は、若いころに駆《か》け落ちをして喫茶店を始め、本当にエネルギッシュに生きていました。正直に言って家庭内は金銭面や浮気《うわき》などで、グチャグチャでしたが、僕は心のどこかで親に対して憧れを抱いていたんです。

でも、そんなエネルギッシュな生き方をしてきた両親でさえ僕が学校へ行かないことを認めたくなかった。僕は何度も「どうして学校に行かなきゃいけないの？」と聞きましたが「みんなも行ってる、そういうものなの！」という答えしか返ってこなかったです。ほかのことならば優しく説明してくれる親なのに学校だけは譲らない。

あるとき、酔《よ》っぱらった父が暴れだして、宮本家の家宝である日本刀《にほんとう》を持って追いかけてきたこともあります。僕が逃げまわってトイレに隠れると、そのトイレの扉《とびら》にグサグサと日本刀を突き刺し、あげく刀が折れてしまった。僕も家族もそういう状態でした。

答えを焦《あせ》らず愛情を注いでほしい

――親や周囲の人は、どう接していったらいいと思いますか？

宮本　僕が今でも感謝しているのが、混乱と葛藤《かっとう》のなかでも、つねにあきらめず彼らなりの愛情を僕に注ぎ続けてくれたことです。もちろん僕とは考え方はちがいますが、両親の愛情がなかったら、不登校やひきこもりから立ち直れなかったかもしれません。

親の方には申し訳ないのですが、すぐに答えは求めないでほしいんです。本人は疲《つか》れはて、どうしたらいいのかわからないはずです。苦しいんです。本人が一番、自分で自分を否定し続けているのですから。

だから親の方には、わが子がみんなと同じようにできないからと言って否定しないでほしい。ほかの子とわが子を比べないで、その子だけの個性を大切に見てあげてほしいんです。

もちろん僕が出会った精神科医は、なんでも話を聞いてくれました。その反応はありがたかったんですが、親にこれを求めるのも酷《こく》だと思います。だから焦らず、あきらめない。いつか風穴《かざあな》が開いて光が差し込みます。そのときまでガマンして愛情を注ぎ続けてほしいと思っています。もちろん、不登校やひきこもりには、無数のバリエーションがあって「これが絶対」とは言えません。

あくまで僕の場合は、という話です。

「ふつう」との付き合い方

――私はLGBTで不登校もしました。10代のころから「ふつう」であれば気にかけない学校や異性の世間話についても二重三重のウソを重ねなければなりませんでした。宮本さんは、どうやって「ふつう」と付き合ってきたのでしょうか。

宮本 「ふつう」なんてありません。それは誰かが勝手につくり出した幻想《げんそう》です。

人は全員、顔も考え方もちがうのに「ふつう」をつくりあげてしまうんです。

なぜなら自分がほかの人とちがうのが不安だから。僕も「ふつう」に苦しめられてきました。

だからこそ思うのは「いつか人類は進化するんだ」と。LGBTもちょっと前からは考えられないほど認知度が広がってきました。それに、引きこもり経験者である僕たちは人類の誕生から現在までという大きな流れのなかではまだ、マイノリティと思われるかもしれない。でもやがて多くの人に受けいれられていきます。いま、あきらめてはいけません。

大げさに言えばマイノリティを背負っている僕たちは「人類にとって大切な前例」です。お話を聞くとつらい経験を重ねられたと思いますが、その思いを一つずつ、語れるときに語っていかれるのがいいのではないでしょうか。そういう使命を誰しもが持っているんだと思います。

素直に自分の気持ちに従ってみる

――私は学校で友人関係がうまくいかなかったことなどが重なり18歳で不登校になりました。いまは通信制大学に入学し、心理学を学びたいと思っています。ただ、周囲から「またつまずくんじゃないの?」と言われ、不安でいっぱいです。

宮本　あなたの「学びたい」という思いの裏には「誰かを救いたい」「自分自身のことを知りたい」という欲求があるのだと思います。それはすごくいいことです。僕が舞台をやっているのは自分のことを知りたいから。

それに「周囲」というのは何事にも反対するものです。僕が29歳で演出家になったときは全員から反対されました。唯一《ゆいいつ》の支えは生前、母が「お前は大丈夫」と言ってくれたこと。これだけです。きっとあなたも大丈夫です。

だってこれまで痛みを経験してきたはずです。職種はちがうかもしれませんが痛みを経験してきた役者さんはいい仕事をします。もう一つ、つけ加えるならば、新しいことを始める際に「不安がっている自分」を否定しないでくださ い。「怖いけどやってみたい」、その思いに自分が後押しをされたときには素直に気持ちに従ってみてください。

マシな罪人として楽しくやっていく

山田玲司

聞き手＝子ども若者編集部

山田玲司（やまだ・れいじ）

1966年、東京生まれ。多摩美術大学在学中に漫画家デビュー。2003年、各界の偉人にインタビューして漫画にする、対談漫画「絶望に効く薬」を開始。14年、「ネットのフリースクール番組」を企画、ニコ生にて「山田玲司のヤングサンデー」を開始。

――まずは漫画家《まんがか》になった経緯《けいい》からお聞かせください。

山田　典型的な漫画少年でした。俺が生まれたのは1966年、「ウルトラマン」の初回放映年と同じ年です。この世代は最後の手塚治虫《てづかおさむ》世代というか、まわりはほとんど漫画好きでした。俺もごたぶんにもれず、小学6年生ぐらいのときから「漫画家になろう」と。そのまんま、今に至っています。

――そうスムーズにいかない人が多いと思います。

山田　今、漫画家と言えば狭《せま》き門というイメージもありますが、なんにも考えていませんでしたから（笑）。同業者を見渡しても条件や状況を考えて行動する人よりも、「やっちゃえ」みたいなエネルギーで動いていく人のほうが多いですよ。

全面肯定《こうてい》されたエネルギーで今も生きている

山田　それと、うちは親がまともだったんです。すごく愛してくれたし、言うことだって「みんな本当はいい人」だとか「最後は大丈夫」だとか、まともなことしか言わない。

それと、よくホメられてもいました。「お前はすごい」「天才だ」って（笑）。だいぶ洗脳されたんで、小学生のころはまわりに対して「俺だけはステージがちがうから」と思ってましたから（笑）。ホントはみんな同じことを内心では感じていたと思いますけどね。

とにもかくにも、自信があったんですが「じつは俺、絵が下手だな」とか「まわりの気持ちも考えなきゃ」とか反省の歴史をその後、歩むことになります。それでもやはり、ひたすらに全面肯定されて元気でバカな子に育った、そのエネルギーでいまも生きているなあと感じてます。

――私の場合は逆で、親子関係が、ほとんどトラウマになってます。

山田　それは苦しい旅を続けてこられたでしょう。親からの愛情を感じない、逆に傷ついていく。そう感じる人は多いと思いますが、自分を責める理由はまったくありません。1パーセントだってない。だって自分が選んだわけじゃないから。まずは自分を責める気持ちはトイレに流しちゃいましょう。親は心のなかで殺しちゃう。そうしないと、親か自分、どちらかを実際に殺しちゃうかもしれませんから。

親との付き合い方が難しい場合は、物理的な距離《きょり》をとるのが一番です。ただし、お金の問題もあってできない人もいるでしょう。そういう人は「親」というものを戸籍《こせき》上の一親等《いっしんとう》にだけ限定して考えないほうがいい。

視野を広げれば俺だってあなたの親。人類という規模で見たら絶対につながっている。自分が尊敬できる人がいれば、その人が親だと思っていい。あなたには好きなアーティストがいますか？

――好きなバンドはいます。

山田　その人たちがあなたの親です。そのバンドの「魂《たましい》の子」があなた。ジョン・レノンでも、尾崎豊《おざきゆたか》でも誰でもいい。何人いてもいい。自分はその人の子だと思う。本質的にはまちがってないし、そうやって自分を設定していくやり方もありです。

じゃあ実際の親はどうするか。親の前で優等生になる必要はありません。ウソをついてでも自分の身を守っていい。どうしても子どもを傷つけてしまう親はいます。そういう人には、もう子どものほうが、親を患者《かんじゃ》さんのように見ていくしかありません。

自分のセンサーを信じる

山田　どちらかと言うと子どものほうが責められるでしょ。不登校だ、ひきこもりだ、摂食障害《せっしょく》だ……、なぜそうなったのかは見られずに「心が弱いんだ」ぐらいのことを言われてしまう。

理由は環境にあります。「あなたのためを思って……」と言う側にある。もっと言えばその親だけの問題だという場合は少ないです。親の親の親ぐらいの世代から、子ども時代に愛されず、エネルギーを奪《うば》われ、まるで国の兵器のように育てられ傷ついてきた歴史がいまを生んでいます。だから、親には患者さんとしてやさしく接し、自分は自分のセンサーを信じてください。

――一方で山田さんは『絶望に効くクスリ』を描かれていますが、親から愛されていたのに、なぜこういう漫画を描こうと思われたのでしょうか?

山田　愛されて育ったがゆえに大人を信じていたんですが、当然、いろんな人に出会うなかで「あれ？」と思うことも増えてきます。しかも「えらい人」だと言われている人ほどロクでもない。そりゃあ荒ぶってきますすよ（笑）。そういう怒りが作品をつくっていく原動力の一つでもありました。

作品を生むきっかけだけを言えば、30歳を超えて無性《むしょう》に勉強をしたくなったからです。大学に行こうかとも思いましたが、そんなに回りくどいことをするんだったら、漫画づくりと称して、いろんな人に会ってプレミアムな時間をすごしたほうがいいでしょ。みなさんが不登校、ひきこもりのまま、いろんな人に会いに行くと聞いて「いい活動をしてるな」と思いました。取材は、相手の言うことをいったん全部受けいれて反芻《はんすう》していくので、自分が広がっていきますから。

――『絶望に効くクスリ』を描いてどんなことを感じてましたか？

山田　すこし視野を広げて日本という国のメンタリティや環境を見ると、人の頭がおかしくなっちゃうようなシステムなんです。みんなが「勝てる」わけがないのに「やれば勝てる」と思わされてしまう。

1日80人もの人が自殺しているのは、けっしてその人の心が弱いからなんかではありません。むしろこういう社会のゆがみを感じて、ひきこもったり、学校に行かなくなったり、言葉が出なくなったり、食べられなくなったり、体でその反応をしているほうが俺はまともだと思います。

もしかしたら飛躍《ひやく》だと感じるかもしれませんが「子どもの野菜ぎらい」だって同じことだと思うんです。昔から野菜を食べない子どもが問題視されてきましたが、まともな食い物だったら、ほとんどの人が食べられるんではないでしょうか。生産効率のことだけを考えて無理矢理つくりあげた野菜と、それをわかってかわからずか拒否する子ども。どちらがまともなんでしょうか。

楽しくマシな罪人に

――社会の仕組みがおかしいと感じても、そのなかで生きていかなくてはいけませんよね。

山田　大きな視野で考えると、資本主義のなかで生きていくには途上国の犠牲《ぎせい》なしでは生きていけません。途上国の犠牲がイヤ、でも携帯とＰＣは生活や仕事で必需品。

拒絶はほとんど死を意味してしまう。ならば謝りながら生きるしかないんです。途上国への搾取《さくしゅ》はおかしいと言いながら、心のなかで謝る。

日常に視点を置き換えても同じことが言えます。キリスト教では懺悔室《ざんげしつ》というのがあります。イタリアなんかではいたるところに懺悔室がありますが、イタリア人は明るくてナンパでしょ。とても懺悔しているように見えない（笑）。

それは「今日も悪いことをしましたごめんなさい」と言いつつ、明日もまた同じことをくり返す。「人間ってそんなもんだ」という哲学がそこにあるからです。なかなかキリスト教も冴《さ》えてますよ（笑）。

私たちは聖人君子《せいじんくんし》にはなれないけど生きていってもいい。そう思うと、ロクでもないやつを省かず、マシな罪人として楽しくやっていく方法があると思っています。

――最後に「絶望に効くクスリ」とは何だと思われますか？

山田　本書に登場してくれたみなさんが言っていたのは「絶望に効くのは絶望を知ることだった」と。絶望するとそこを機に跳《は》ね上がっていく。もちろん、そこまでいけないときが本当にきつい。「夜明け前の夜が一番暗い」という言葉もあるぐらいですから、真理でしょう。でも「明けない夜はない」というのもまた真理だと思っています。

不登校経験者に聞く 2

どんなところからでもスタートできる

書き手＝16歳男性

僕は中学2年生のころ、親友に誤解をされたことをきっかけに、いじめられるようになりました。LINEを使って僕の陰口《かげぐち》を言っていたメンバーは10人ほど。小学生のころから、ずっと仲よくしていた友だちでした。「友だちだと思っていたのは俺だけだったんだ」というショックは今でも忘れられません。それからは学校に行くことができず、家にひきこもりました。

その後1カ月ほどしてから、誤解が解けたらしく、みんなが謝ってくれました。謝罪はうれしかったですし、学校にも復帰しました。ですが、友だちから仲間はずれにされた記憶は消えず、僕は人間不信になり、元通りの友だち関係に戻ることはできませんでした。

そして中学3年生のとき、僕は突然の病に見舞《みま》われました。授業中、急に全身がかゆくなり、頭がクラクラして、保健室へ向かう廊下《ろうか》の途中で倒れ込んでしまったのです。その後、救急車で緊急搬送《きんきゅうはんそう》され、病院で「あと数分遅れていたら危なかったよ」と言われました。ゾッとする言葉でした。検査の結果、アナフィラキシーショックという病気であることがわかりました。大量の薬を渡され家に帰ったのですが、薬を飲み続けなければいけない状況の重大さと、名前も知らない病気をいきなり発症《はっしょう》したこと、いつまた発症するかわからないという恐怖がいっせいに襲《おそ》いかかってきて、僕はまた学校に行けなくなりました。

つぎつぎと難関がせまってくるような中学生活でしたが、親がいつも自分の味方でいてくれたことは、本当にありがたいことでした。

中学2年のときに、いじめで学校に行かなくなっても、親は「行きなさい」と言いませんでした。むしろ、いじめの実情を知って、いじめている人に電話して僕の気持ちを伝えてくれました。子どもの人間関係に介入《かいにゅう》するのは勇気のいることだと思います。正直、そこまでしてくれるとは思いませんでした。

また、病気になったときも、「無理して学校に行かなくていいから」と言ってくれ、自転車で40分もかかる病院に、仕事を休んでついてきてくれました。

腐《くさ》っていてもしょうがないな

病気で沈《しず》んでいた気持ちも、親の助けや、少数の友だちのはげましで少しずつもとにもどっていきました。病気は、「いつ来るのか」と恐れていると頻繁《ひんぱん》に発症しましたが、「なるときはなる」と開き直ってからは、ほとんど発症しなくなりました。16歳になった今では、「腐っていてもしょうがないな」と、自分のやりたいことをやるようにしています。たとえば、ラップです。僕は小学校のころからフリースタイルラップが好きで、自分でも練習しています。フリースタイルラップの日本チャンピオンであるラッパー・R－指定さんは、僕のあこがれの人です。

そして先日、『不登校新聞』の取材で、なんとR－指定さんにインタビューすることができました。

R－指定さんは不良でもなく、優等生でもなく「自分にはなにもない」という劣等感《れっとうかん》からラップを始めて、日本一になりました。僕も、「自分にはなにもない」と思っているけれど、それはけっして絶望の言葉ではなく、「誰でも、どんなところからでもスタートできる、ということなんだ」とお話を聞いて思いました。

思えば僕は人に恵《めぐ》まれていると思います。親もそうですし、学校でいじめられていたときも、2～3人の友だちだけは味方になってくれました。R－指定さんのお話も、すごく共感できるもので、いまの自分の力になっているという実感があります。障害物競走のような人生だけど、ときにはまわりの人の助けも借りながら、いつか完走したいと思っています。

不安は誰でも持っている

高山みなみ

聞き手＝子ども若者編集部

高山みなみ（たかやま・みなみ）

1964年、東京生まれ。声優、歌手、ナレーター。代表作に「名探偵コナン」（江戸川コナン）、「魔女の宅急便」（キキ）、「忍たま乱太郎」（乱太郎）、「ドラえもん」（スネ夫のママ）など多数。

――高山さんが声優の道を目指されたきっかけはなんだったのでしょうか？

高山　一般家庭よりも芸能界に近かったのと、母が私の芸能界入りを考えていたこともあり、小さいころからバレエ、日本舞踊《ぶよう》、声楽《せいがく》などの習い事をしていました。ただ、私がなりたかったのは警察官。卒業文集の将来の夢を書く欄《らん》には、いつも「警察官になりたい」と書いていました。

――「名探偵《めいたんてい》コナン」のコナン役をしていますから、半分はその夢は果たされているかもしれないですね。

高山　まあ半分はね。でも逮捕《たいほ》はできないですから（笑）。

――たしかに（笑）。

高山　芸能界に足を踏み入れたのは、中学生の時です。母から「警察官になるなら芝居心《しばいごころ》も必要なのでは」と、いま考えると「あれ？」と思うことを言われて（笑）。それが児童劇団に入るきっかけだったんです。

最初はそんな始まり方でしたが、好きだったんでしょう。劇団に入る頃には本気で演技を勉強したいと思っていました。でも今度は環境が壁《かべ》になってきたんです。高校生のときには勉強と劇団の両立が難しくて辞め、演劇の専門学校に入ったときは「本気でプロになりたい」という思いが強く、空回りしてしまい半年間ぐらいで辞めました。これはさすがに、お金を出してくれた親に申し訳なくて「芝居の道はあきらめます」と、ふつうのOLになったんです。

でも、やっぱりあきらめられなかったですね、やりたいと思っちゃったことは。OLを始めてから1年半ぐらいで会社を辞め声優の養成所に通い、ご縁《えん》もあっていまの事務所に所属しました。遠回りはしたけど、結局やりたい仕事に就《つ》けたんだと思っています。

体温を伝える声の仕事

――声優の仕事をするうえでこだわっていることはなんですか？

高山　アニメや映画は基本的に平面の世界です。いま3Dも出てきていますけど、ほとんどは2次元ですよね。声の仕事はその平面の世界に、奥行きや空気感を感じさせる仕事なんです。体温を感じてもらいたい、と言い換えてもいいかもしれません。ですから、キャラクターどうしの物理的な距離《きより》感《かん》やどんな状況で話し合っているのか、そういうことをいつも考えています。

——役作りをするうえで気にされていることはありますか？

高山　事前の役作りはしないんです。役を新しく与えられたときに、そのキャラクターと対面して、顔や動きを見て、第一声で出た声が、その子の声になるんです。だから、あらかじめ考えたり、なにか特別なことをしてはいません。わりと右脳感覚でやっているというか。もちろん、役者さんそれぞれに役作りの方法は違います。どれが正しい方法というのはありませんね。

——「声」を整えるために、気を遣《つか》われていることはありますか？

高山　何もしてないです(笑)。体のメンテナンスには、よく食べて、よく寝て、よく遊ぶ。それが一番自分に合ってますね。

悪役は大好きです

——悪役を演じるときはどんな気分なんでしょうか？

高山　こんなことを言ったらきらわれるかもしれないけど、私、悪役大好きです。すんごく楽しいですよ（笑）。だって、現実には絶対にできないことですから。

それにストーリー上は「悪役」かもしれないけど、悪役の側から見れば、自分たちの「正義」があるわけです。自分がまちがっているなんて思っていたら、人は行動できません。だから、悪役が思う「正義」をしっかりと心に刻み込んでおくよう、気をつけています。だって中途半端《ちゅうとはんぱ》に悪を演じたら、キャラクターがかわいそう。やるなら、とことんやらなきゃ（笑）。

――「魔女の宅急便」や「名探偵コナン」では、一人二役を演じられてますが、自分と対話をするというのはどんな気分なのでしょうか？

高山　ちょっと恥《は》ずかしいですね……。やっているときは一生懸命《けんめい》だからなんとも思わないけど、仕上がりを見るとかなり恥ずかしいですね（笑）。というのは、緊張感《きんちょうかん》も2倍だから。

「魔女の宅急便」は、いまだにテレビで見られないほどです。映像を見ていると、勝手に口からセリフが出始めて、当時の緊張を思い出して変な汗《あせ》が出ます（笑）。新人の頃でしたし。だからまだ落ち着いて観たことがないんです。それぐらい、いろんな思いが詰まっている作品なんです。

――これまでのなかで印象深い役はなんでしょうか？

高山　まだやっている途中のものが多いですし、とくにこれが一番というのはないです。やっぱり役を演じるということは、その役にいのちを与えることなんです。だから、みんな「自分の子ども」という気持ちがあるので、どの子もみんなカワイイし、みんな同じぐらい大切です。

経験こそが、自分の宝物になる

――私は将来の夢が声優なんですが、アドバイスはありますか？

高山　もし本当に、声の仕事をやりたいと思っていたら、まずなんでも声に出して読むのがいいですね。絵本でもいいんですが、小説だともっといい。小説はすべてが自分の想像の世界ですから、それをふくらませて声を出していく。とってもいい勉強になるんじゃないかと思います。もし聞いてくれる人がいたら、なおさらいい。

とにかくしゃべることに慣れるのが大事です。お店のメニューだっていいんです。メニューを見ながら読み上げて、それを誰かに聞いてもらう。そのとき「いま悲しく聞こえた？　うれしく聞こえた？」なんて聞きながら、練習すればいいんです。何でも勉強になりますよ。

それと技術的なことよりも、もっともっと大事なのが経験することです。楽しいことも悲しいことも経験をすればするほど、その人の引き出しがどんどん増えていく。お芝居をやりたいと思うならば、それはなおさら。だって動物に触れたことがない人は、動物にふれあう芝居をするのは難しいでしょ。

一つひとつ、どんな経験もけっしてムダになりません。それは不登校でもひきこもりでも同じです。不登校をしたときの気持ち、それがさびしかったのか、つらかったのか、苦しかったのか、それは私にはわかりませんが、全部、自分の経験になっているはずです。その経験こそが、自分の宝物になるんです。

演技の仕事はメチャクチャ楽しいです（笑）。私自身辞めたいと思ったことはありません。もちろん、大変です。シビアだし、生活の保障もない。芸能界は特殊《とくしゅ》ですから。社会に出るということは当たり前に大変です。

夢だけでは食べていけないし、食べていこうと思ったらシビアに現実と向き合わなきゃいけません。と言っても、ドライになりすぎて、すべてが「お金のためのお仕事」になってもつまらない。自分がどれだけ楽しんで、いいものをつくれるか。いいものをつくって見ている人が喜んでくれたら、それがまた次の仕事につながっていく。それが芸能の世界なんです。

――今後、やってみたい役はありますか？

高山　それはいっぱいあります。アニメーションなら手塚治虫《てづかおさむ》さんの作品や「ベルサイユのばら」、それにディズニー作品も。歴史に残る作品がやりたいですね。洋画の吹《ふ》き替《か》えや番組のナレーションもどんどんやっていきたいです。

楽しめることから探してほしい

――私は不登校をしていて、この先、生きていけるのかどうか、ホームレスになってしまうんじゃないかとすごく不安です。

高山　大丈夫。生きていくことは絶対にできます。

あなただけじゃなくて、不登校をしたり、引きこもっている人は、いろんな不安を持っているんじゃないかと思います。でも、不安というのは、きっと誰でも持っているものです。サラリーマンの人も、声優の人もみんな不安を持っているでしょう。

だから、それぞれ環境はちがうし、なにが不安なのかはちがうけれど、自分だけが不安なのだと怖がらないでほしいんです。もちろん、不安があってはいけないということじゃないです。人の感情として不安があるのは当然のことですから。だけど、その不安に負けないでほしい。

不安よりも自分がおもしろいと思えること、楽しいと思えること、そっちに力を注いでほしいなと思うんです。そういう前に進もうという気持ちがあれば、不安には負けない力になると思うんです。

大人になると時間が進むのがすごく早いですからね（笑）。みなさんの、いまという時間を大切にしてほしいです。思い立ったらなんでも行動しちゃって、たくさんの経験をしてほしい。そのなかで自分がどういうことならば、本当に心から楽しめるのか、それを探してもらえればと思っています。

辻村深月

聞き手＝子ども若者編集部

楽しいことがあれば、それを生きる理由に

辻村深月（つじむら・みづき）　撮影：大森忠明

1980年、山梨県生まれ。2004年『冷たい校舎の時は止まる』でメフィスト賞を受賞しデビュー。『ツナグ』で吉川英治文学新人賞、『鍵のない夢を見る』で直木三十五賞、『かがみの孤城』で本屋大賞を受賞。

──私は、高校3年生のときに友人関係でトラブルがあり不登校になりました。辻村さんが書かれた小説『かがみの孤城《こじょう》』には不登校の人が登場しますが、自分と重なりすぎて泣きそうになりながら読みました。辻村さんは、なぜ「不登校の痛み」を題材にしようと思ったのでしょうか?

辻村　デビュー当時から10代を主人公にしてきました。そうすると自然、舞台《ぶたい》は学校が絡《から》むのですが、私は学校に対していいイメージはあまりないです。むしろ圧倒的に悪い思い出のほうが多い。

それなのに、しんどかったからこそ、今もあの時期、とくに中学生時代が濃《のう》密《みっ》だったように感じられるんですよね。苦しかったことも感動も今とは比較《ひかく》にならないほど鮮烈《せんれつ》でした。毎日のように本やアニメやゲームにハマり込みました。あれほどの冒険《ぼうけん》を本のなかではしたのに、本当は学校と家の往復だったなんて思えないぐらいに(笑)。

「読書が現実逃避《とうひ》になったんだね」と言われたこともありますが、そう言われると違和感《いわかん》があるんです。私にとって読書は現実逃避ではありません。人生の拠《よ》り所《どころ》、もっとも大事な支柱《しちゅう》でした。

私のように学校がつらくてなんとか通っていた人は多いんじゃないかと思うんです。人それぞれいろんな事情や背景があり、痛みも含めていろんなことを感じています。何の憂《うれ》いも悩みもなく学校に行けている人のほうがじつは少数なんだ、という思いが強くあり、この感覚はきっとみんな覚えがあるはずだという確信から彼らを主人公にしました。

そして学校に行く・行かないを問わず、学校と家以外の「その他のなにか」があること。私にとっての本がそうだったように「その他のなにか」が現実と結びつく大切なものだということを書きたかったんです。

私の選択を信じて待ってほしかった

――『かがみの孤城』には主人公たちを支える大人も登場します。学校に行かない子に対する大人の役割はなんだと思いますか？

辻村　私が親になってからは、その返事が難しくなりました。ただ、本人の立場に立つと気持ちがわかることもあります。たとえば登場人物の一人は、親から「学校なんてくだらない、行かなくていい」「公立の教師なんかダメだ」と言われています。

そう言われると「学校に行きたいけど行けない」とは言えなくなる。頭ごなしに「行かなくていい」と言うのは、表面上だけは多様性を認めるふりをしていて、そのじつ、本人の複雑な心境を踏みにじってしまうことがあります。

じゃあ、どうすればいいのか。私も親なので教えてほしいぐらいなのですが、子どものときを思い出すと、信じて待ってほしかったなと。10代だったころは気持ちと行動がなかなか伴わないし、親としては子どもの今後を決めてあげないと責任を放棄《ほうき》している気にもなります。でも、親が「子どものために」と動きまわっているときは、「ああ、やっぱり信じてくれないんだな」と子どもは思ってしまうこともある。

親の葛藤《かっとう》もわかるし、子どもだったときのことも思い出すので、なかなか「これ」と言えないのですが、私は「私の選択を信じて待ってほしかった」と今は思います。

誰かを支えたいと思ったら、自分が支えられていた

——『かがみの孤城』を読んで、学校に行ってない人の心境や支援教室のようすがとてもリアルで驚きました。どんな取材をされたんでしょうか？

辻村 まずは、今日会いにきてくださって、本当にありがとうございます。当事者の方があの話を読んで来てくださると聞いて、じつはこれまで受けたどのインタビューより緊張《きんちょう》しています。だから、そんなふうに言っていただけるととてもうれしく、ほっとしました。

私自身は教室に居場所がなかったり、学校に行こうと思うとお腹が痛くなったりした経験はありますが、不登校自体はしていないんです。今回の話についても、特定の場所や人にべったりついて取材をしてきたというわけではありません。正直に言えば、主人公たちが勝手に物語を進めてくれたような気持ち。

登場人物の一人は「孤城」で出会った人を支えたいと思い、そう思うことで自分自身が前向きになれて、結果、自分が支えられている。誰かを支えたいと思ったら自分が支えられていたというエピソードは、当初から想定していたも

のではなかったのですが、この結末が書きたくてこの話を書きたかったのだと思います。

傷つけた人を許さなくてもいい

辻村　あとは、いろんな理由があって「学校に行かない」という選択をした人どうしを、「鏡の向こうが不思議な場所につながる」という設定を通じて、会わせてあげたかったんです。現実では友だち関係にままならなさを感じている人にも、この本を開いているあいだは私が書いた彼らと友だちになってもらいたかったし、この孤城を「居場所」に感じてもらいたかったんです。多くの居場所やみなさんのような活動で、私が「孤城」を通じて書きたかったようなつながりや居場所が現実に生まれていることが実感としてわかって、むしろ今日は私のほうが勉強になり、励《はげ》まされる思いがしています。私の小説が、その現実に届いているのであれば光栄です。

――主人公の女の子は、教室でいやがらせをしてきた同級生を「消したい」と言っていました。私自身、不登校になったきっかけは人からいやなことをされたり、からかわれたりしたことです。今でも思い出すと許せないし、すごく悔《くや》しい。私も早く忘れてしまいたい過去なんですが、「許せない」という気持ちを持ったままでいてもいいのでしょうか？

辻村　いやなことをしてきたり、からかってきたりした人のことは許さなくていいです。

今回、この話を書くにあたってスクールカウンセラーの方にお話を聞いたのですが、その際に、多くの子が相手に対して「許せない」という気持ちを持つことができずに苦しんでいるというお話を聞きました。だから、今回、この質問をしてもらえてとてもうれしい。許さなくていいんです！

大切にしたい人を大切にする

辻村　『かがみの孤城』を書くときに決めていたのは、「いじめ」や「不登校」から連想できる典型的なパターンに彼らを絶対にハメないということ。出版社の方もその点はよくわかっていてくれて、本の帯や紹介文に「いじめ」という言葉は一言も入っていません。

というのも「いじめ」という言葉を使ったとたん、「ああ、あれね」という感じで急に物語として回収されてしまうんですね。主人公と同級生のあいだで起きたことは、いじめでもケンカでもなかったと思うんです。

でも、同級生が主人公の家の前にまで来たとき、どれだけ主人公が怖かったか、許せなかったか。心が摩耗《まもう》しすぎて言葉にできないし、パニックに陥《おちい》ってしまう。そこに至るにはどんな経緯《けいい》があり、そのときどんな気持ちだったのか、やはり長い説明が必要なんです。

そうやって受けた傷のかたちはみんなちがって、誰ひとりとして同じということはない。長い説明以上のことにはならないし、当然、「いじめ」と一言で表せることなんかじゃない。そこをすくい上げるのが小説の仕事だと思っています。

一方で、主人公にひどいことをした同級生の側もなるべくフェアに書きたかった。彼女にも事情があったのかもしれないし、無神経な学校の先生に逆に救われる人もいるかもしれません。傷つけた人にも事情があり、背景はあるかもしれない。でもね、それでもあなたは許さなくていいんです。傷つけてきた人の事情をあなたが推《お》し量《はか》ったり、背負う必要はありません。大人と呼ばれる年齢になって、私は満を持してみなさんに言いたいことがあります。年齢にかぎらず、くだらない人はいます、と。「大人」なんて呼べるような立派な人なんていないし、理解しあえないことに大人も子どもも関係ない。あなたが大切にしたい人を大切にするだけでいいんです。

生き方の比重は自分で決めていい

——私が不登校になってから、何もしていない時間が続いたとき、ふと「なんで人間は生きているんだろう」と思ったことがあります。辻村さんは何のために生きていますか？

辻村　私はいま余生《よせい》をすごしています。30代ですが、もう余生です。上の世代から「まだ若い」と言われますが年齢の問題じゃないんです。

私もなんとか学校へ行ってましたが、人生で一番つらかったのが中学時代。私は「子どもより大人のほうが苦しみが大きい」とか、そんなことは誰にも言わせないぞ、という思いがあるんです。人生の本番は大人になってからなんてとんでもない、と。子どもだったときと大人になってから感じる悲しみや喜びの大きさは、けっして比較できないんだ、と。そう思っているんです。

私はあれだけ苦しかったんだから、もう余生です。余生だから失敗してもいいし、余生だから挑戦《ちょうせん》もできます。すごく楽しいです、余生は。小説家にもなれました。まわりから「もう大人」と言われるようになって、やっと勇気を持って言えることがもう一つあります。それは「大人になっても大丈夫です」ということ。

生き方の比重は自分で決めてかまいません。何のために生きているかは、どんなに小さなことでも大きなことでもかまわないと思います。楽しいことがあれば、それを生きる理由にしてもいいんじゃないでしょうか。そう思うとけっこう楽しいことってあります。なので、どうかみなさんも余生の側までいらしてくださいね!

いつ始めても、いつやめてもいい

羽生善治

聞き手＝子ども若者編集部

羽生善治（はぶ・よしはる）

1970年、埼玉県生まれ。1996年、将棋界で初の7タイトルを独占。2017年、初の永世七冠を達成。2018年、国民栄誉賞を受賞。著書に『決断力』など多数ある。

――羽生さんはどんな子どもでしたか？

羽生　ふつうの子でしたね。勉強の成績は真ん中くらいだし、目立ったこともしないし、可もなく不可もなく、つつがなく過ごしていました（笑）。

――将棋《しょうぎ》を始めたのはいつごろからですか？

羽生　家族では誰も指す人がいなかったので、友だちに教わったんです。小学校2年生から週末に将棋教室へ通い始めましたが、それも親の都合というか、「買い物のジャマだからあずけちゃおう」と思ったのが、きっかけだったみたいです（笑）。

――プロ棋士《きし》を目指したのはいつですか？

羽生　プロ棋士養成機関の「奨励会《しょうれいかい》」に入ったのが12歳のとき。まだ小学生でしたから、はっきりと将来のことを考えていたわけじゃありませんが「将棋を続けていけたらいいな」とは思っていました。

しかし、「奨励会」には26歳までに四段にならないと退会しなければならないという年齢制限があります。お世話になった人たちが去っていくようすを目の当たりにし、子どもながらに「遠足気分で来るような場所ではないんだな」

というのを肌《はだ》で感じました。

──将棋をすると相手の性格がわかることってありますか？

羽生　これはよくわかります。どうしてかというと、指した手はウソをつけないからです。向こうもこちらも一手ごとに意味があり、その読み合いをするわけです。タイトル戦などで長時間、向き合っているとホントによくわかってきます。

意識して少し強くアクセルを踏む

──対局中に勝負の分かれ目を迎えたときに心がけることはなんですか？

羽生　プロ棋士になって32年がすぎ、対局数も2000局近くになりました。必然的に勢いだけではなく、経験に基づいた将棋を指すことが多くなってきました。ただ、それはかならずしもいいことばかりではありません。「経験がある」がゆえに、失敗を避けようと無意識でブレーキを踏むことが多くなってしまうからです。

重要な局面であればこそ長く考えて迷ってしまう。迷ってもしょうがないこともあるんです。そこで心がけているのは、「意識的に少し強くアクセルを踏む」ということ。リスクを覚悟《かくご》して攻めていく。たとえ、その一手で負けてしまっても、いずれ糧《かて》になる。失敗してもいいんだと思って指すことが多いです。

――羽生さんは20代と30代で将棋との向き合い方が変わったとおっしゃっていますね。

羽生　すこし抽象的《ちゅうしょうてき》な話になりますが、20代のころは、とにかく明確でわかりやすい「答え」を求めていました。30代になると、いいかげんになったというか、「答えなんてなくてもいいんだ」と思えるようになったんですね。自分なりにできることをやればいい、わからないこと、未確定なことがあるからこそおもしろいんだ、と。それが変わった点ですね。

――将棋をやめようと思ったことはありませんでしたか？

羽生　将棋では審判《しんぱん》が悪いというように、人のせいにできません。負けた原因はすべて自分にあって、それが明快に出てしまうため、「やってられない」と思うことはありますが、「やめたい」と思ったことはありません。

――将棋を続けるモチベーションはどこにあるのでしょうか？

羽生　「意外性に出会いたい」ということに尽きます。将棋はドラマや小説のように結末が決まっているものではないし、一局一局、まったく先が分かりません。そういう未確定なことが多いからこそ、おもしろいんですね。

ただ、それはギリギリのところで指しているから、わかることです。おざなりに指していたら、新しく意外性に富んだものは出てこない。ずーっと将棋を続けてきましたが、「こんな局面があるのか」という新鮮《しんせん》な驚きは今でもありますからね。

――それが将棋のおもしろさにつながっているんですね。

羽生　将棋はもともと1500年ほど前にインドで生まれたと言われています。インドからさまざまな国に将棋が広がり、それぞれの土地で変化してきました。マス目を増やしたり、駒《こま》を増やしたりして、よりおもしろくしようとしたんです。

日本の将棋はほかの国と逆で、より小さくコンパクトにしたんです。つまり、シンプルにすることで無限の可能性を押し込もう、と。それが将棋の本質的な深みやおもしろさを生んでいるんだと思っています。

理想の棋士像はマラソン選手

――今後についてはいかがでしょうか？

羽生　将棋を長く続けていくということが一番だと考えています。私はよく理想の棋士像を、マラソン選手にたとえています。マラソン選手のすごいところは「1キロ3分」というリズムを崩《くず》さずに走り続けるという点にあります。自分のリズムを崩さずに歩み続ける。棋士として、そういう姿が理想ではないかと思います。

――学校に行かない子どもたちに一言いただけますか。

羽生　「学校に行かないことに罪悪感を持たない」ということが大切だと思います。「いい学校を出て、いい会社へ」というレールも、今の社会に本当にあるのかどうかはわかりません。

私は中学生でプロ棋士となり、高校に入学したものの、月に10日くらい休んでいました。通信制高校に通っていたこともあります。若者だけではなく、おじいちゃんや働いている人などいろんな人がいるなかで感じたことは、「学びに年齢は関係ない」ということです。いつ始めても、いつやめてもいい。学びとはそういうものなのではないかと思います。

column 3

「生きててよかった」と思える瞬間に出会うこと

書き手＝「不登校新聞」編集長　石井志昂

『不登校新聞』の子ども若者編集部には、いろんな当事者・経験者が関わってきました。みんなが取材を通してどう感じたのか、本当のところはわかりませんが、具体的な進路はさまざまでした。正社員もいればフリーターの人もいます。公務員や科学者、八百屋《やおや》さんになった人もいました。「名探偵《めいたんてい》コナン」の江戸川《えどがわ》コナン役で有名な高山みなみさんの取材で触発《しょくはつ》され、声優の卵としてがんばっている人もいます。編集部での経験を活かして『ひきポス』というひきこもり当事者がつくるメディアを立ち上げた人もいます。

もちろん、今でもひきこもっていて生きづらいと言う人もいれば「不登校当時、何がたいへんだったか忘れてしまった」と言う人もいます。

私が忘れられないのは、映画監督《かんとく》・押井守《おしいまもる》さんへの取材後、「今日は生きてている気がした」と子ども若者編集部の一人が言った一言でした。記事中は数行しかない質問文も、取材現場では長い時間をかけて子ども若者編集部の人が思いを込めて語ります。自分を開示することは勇気がいることです。でも、それがなければ相手も真剣に答えてくれません。こういう真剣なやり取りがあったからこそ「生きている気がした」と言ってくれたのだと思っています。

その一言がとてもうれしかったのは、私自身も同じような思いを感じたことがあるからです。糸井重里《いといしげさと》さんやみうらじゅんさんなど憧《あこが》れの人たちへ取材をしたとき「今日は生きててよかった」と思いました。それが14歳で不登校になり、人生を本当は投げたかった私の転機になりました。

子ども若者編集部は、当事者が社会に適合するための場でもなければ、就労支援の場でもありません。ただただ「今日は生きててよかった」と思える瞬間《しゅんかん》に出会うこと、これを目指しています。

だから就労とか進学とか、そういう変化がみなさんにあったのかは、ささいなことなのでくわしく覚えていません。ただ、たまに元編集部員に会うと「あれはまずかったね」と失敗談を笑いあえたりするので、これはこれで大事なものを得られたなあと個人的には思っています。

「プラスマイナスゼロ」の人生ならおもしろい

押井守

聞き手＝子ども若者編集部

押井守（おしい・まもる）

1951年、東京生まれ。映画監督。「うる星やつら2ビューティフル・ドリーマー」「機動警察パトレイバー劇場版」「スカイ・クロラ The Sky Crawlers」など数々の作品を手がける。「イノセンス」は日本のアニメーション映画としては初めてカンヌ国際映画祭にノミネートされた。

――押井さんの作品には犬がよく登場します。私は犬に特別な思いがあるんですが、押井さんも特別な思いがあるのでしょうか?

押井 犬がほかの動物とちがうのは、人間のそばに積極的にいようという意思を持っているところだと思う。猫もよく人間のそばにいるけど、猫は呼んでも来ないでしょ。共生はしても寄り添いたいと思っているわけじゃない。犬だけが人間を求めてくる。

それはとても貴重なことだと思う。もちろん、それは人間がそうつくりあげてきたからなんだけどね。犬は大人にならない幼体成熟《ようたいせいじゅく》の動物で、子どもの状態をそのまま保存しているから、人といっしょに暮らせる。その意味では犬と人間の関係は猫よりも特殊で、人間には責任がある。僕も特別な思いがあるといえばある。

ただ犬や猫と付き合うのは覚悟《かくご》が必要なことだと思う。長生きな犬でも20年ぐらいだから、だいたいは自分たちより早く死ぬ。そこらへんが犬や猫と暮らす意味なのかなって気もするけど、やっぱり死ぬとつらい。3年前にバセットハウンドのガブリエルが死んだ。新しい子たちもいるけど、いまでもぽっかり胸に穴が空いている。それは何があっても埋《う》まらない。

でも、あるときから「それでいいんだ」と思った。胸に穴ぼこがあるから、あの子は僕のなかでまだ生きている。穴ぼこが埋まったら忘れちゃったってこと。忘れたら本当にあの子は死ぬんだ。僕が死ぬまで穴ぼこは空いていていい。そう思えて初めてあきらめがついた。

何をつくるかより、つくり続けるほうが大事

押井　それは作品もいっしょ。どんなに世間的に有名になっても、僕が死ねば、僕の映画はすみやかに忘れられる。でも、それでいい。小説も映画も、結局は同時代の産物なんだから、同時代の読者・観客がいなければ、かたちには残っても作品としては死ぬ。

ただ、その人がつくり続けているあいだは、昔の作品も生き続ける。だから、いまは、何をつくるかより、つくり続けるほうが大事だと思っている。

――私が高校中退したとき、押井さんの作品に出会ってすごく共感して、救われ

た気持ちになりました。

押井　僕も高校のとき、不登校だった。初年度の半分ぐらいは、ほとんど行かなかった。理由はたぶん、みなさんとあまり変わらないと思う。中学までは、わりと勉強もできて、生徒会もやっていた。まあ、挫折《ざせつ》を知らないイヤなヤツだったよ（笑）。

ところが高校に入ったら全然、通じない。いきなりテストで赤点をとって、授業がわからなくなった。もうすごくイヤになって、自分が無能に思えた。だから高校には居場所がなかったし、友だちもいなかった。

そうすると不思議なんだけど、朝になると熱が出た。母親はなんとか行かせようとして、なだめたり、すかしたり……。しょうがないから、昼ごろに起きて、学校に行くふりをして、Uターンしてた（笑）。

あのころは、だいたい部屋でSFとかの本を読んでいた。それと妄想《もうそう》だね。ずーっと布団をかぶって妄想をしているのが、一番好きだった。

「ある日、目が覚めたら、世界中に自分一人、どうやって生きていく？」。

そんなことを考えていたら、あっというまに夕方になったし、楽しくてしょうがなかった。その後、学生運動が始まって、世の中がおもしろくなったので布団《ふとん》から出てきた。そのなかで、いろんな人間と出会ったし、友だちもできたし、女の子とも出会った。学校に通っても得られなかったものを全部サポートしてくれた。

だから、妄想も含めて、あの時期に得たものが人生の原資になっている。だって、いま映画にしていることは、あのころに妄想したことだから。

人間は自分だけの時間が必要

――僕は7年ぐらい家にいて、映画「スカイ・クロラ」の淡々《たんたん》とした日常や希薄《きはく》な人間関係に、とてもあこがれる面があります。

押井　何も変わらない日常が心地いいっていうのは、思い当たる節がある。部屋に閉じこもっていたときは、心地よかった。それは不登校だからとかじゃなくて、どんな人間でも何歳になっても、人間には自分だけの時間が必要なんだよ。僕はそういう時間は否定しない。

だけど、そのなかでは生きられない。もちろん、それがわかっていても、それ以上に痛めつけられていることだってある。それに、外に出ていっても、ろくなことがないかもしれない。ただ、うまく言えないけど……、僕から言わせると、そこに生きることの値打ちがあるんだよ。

これまで66年間、生きてきた。楽しいことも多かった。2回、結婚《けっこん》したし、最初の結婚では娘もできた。映画も好きなようにつくって、なんとか食べられるようになった。悪い人生じゃない。

でも、同時にひどい目にもあった。「もうダメだ」と思う瞬間《しゅんかん》もあった。映画をつくるなかで、過呼吸になったり、倒れたり、体がボロボロのときもあった。でも、それも含めて、これが「生きている醍醐味《だいごみ》だ」って思うようになっちゃった。だから、最近は、不幸になる権利だってあるんだと思ってる。もちろん、死ななければの話だけどね。

あるときから、自分がどんな状態でも、同じような距離感《きょりかん》で自分を俯瞰《ふかん》できるようになった。それは僕だけじゃなくて、ある程度、年齢を重ねると、だいたいそうなるんだと思う。

すごく成功することなんて必要ない

押井　そうなると、自分がやれること、やれないことが見えてくる。僕は生涯《しょうがい》、大ヒット作はつくれない。その代わり、大コケした作品もない。そのおかげで30年以上、好きなようにやってこれた。それは生きるってこととも似ている。すごく成功することなんて必要ない。大事なのは自分がどう生きたいのか、何を目指したいのかだけ。

何も始まらないところにいたら何も終わらない。いろいろあったけど「プラスマイナスゼロだな」と思える人生ならおもしろいぜって話なんだ。それが生きてることの値打ちってやつだよ。

いろいろやって「この程度の人間だな」とわかることは失望じゃない。むしろラクになる。僕も「凡庸《ぼんよう》な映画監督《かんとく》なんだ」ってわかったら、とたんに映画をつくるのがラクちんになった。いまはすごく自在感がある。自分の正体が見えたからなんだ。たぶんキミは、当たり前のことだけど、自分の正体がまだわからないんだと思う。

――自分の正体ですか？

押井　自分の正体に気づくまで、すこし長い目で見たほうがいい。僕はそれがわかったのが50歳を過ぎてからだから。それまで、自分のことをすごいとも最低だとも思ったし、基本的には多少賢《かしこ》くてマシな人間だと思いこんでいた。でも、実際はそんなもんじゃない。成長した娘と再会したときに「なんだ、オレはただのオヤジじゃないか」って。

海外に行って、ジョージ・ルーカスとか、えらい映画監督に会ってきたけど、みんなタダのオヤジ（笑）。つまんないことでクヨクヨしてるし、どうでもいいことにこだわってる。すごい監督がすごい映画をつくるんじゃない。

ただね、正体が見えなくても不安がることはない。自分の体を信じればいい。頭で考えて動いても、無理があれば体が放っておかない。だから、部屋にいたければ飽《あ》きるまでいればいい。部屋にいちゃいけない理由なんて何もない。

そういう人がおもしろいことを始めるかもしれない。ただの道楽息子《どうらくむすこ》かもしれない。でも、それでいい。「二階の道楽息子」を許容しない世の中は、あんまりいい世の中じゃない。

僕がずっと部屋にいた期間は1年半ぐらい。その後も、暗闇《くらやみ》が心地よくて、6年間ぐらい映画館にいたときがあった。でも、好きな人ができて結婚するって話になって映画館から出るしかなくなった。

そういうふうに世の中はできてる。体が求めれば出て行くんだよ、僕はそう思ってる。

萩尾望都

聞き手＝編集部スタッフ

あなたの感動を羅針盤に

萩尾望都（はぎお・もと）

1949年、福岡県生まれ。1980年に『スター・レッド』、1983年に『銀の三角』、1985年に『X+Y』で星雲賞コミック部門で3度もの栄冠を手にする。2006年に『バルバラ異界』で日本SF大賞を受賞。2012年に少女漫画家としては初めてとなる紫綬褒章を受章。

――最初の質問からなんなのですが、子どものころ手洗いが止まらなかったという話を聞きましたが本当ですか？

萩尾　そうなんです。小学校の高学年ぐらいから中学1年生にかけてぐらいだったと思います。いくら洗っても手が汚《よご》れているような感じがして、休み時間のたびに手を洗っていました。自分でも「おかしいなあ」とは思っていましたが、ベトベトしたものが手にくっついているような感覚があったんです。

――萩尾さんの出身中学校は、数多くのマンガ家を輩出《はいしゅつ》した学校ですが、もしかすると同じマンガ好きの人に出会えたことで、手洗いが収まったということはありますか？

萩尾　それはあるかもしれませんね！　こういうものは収まってしまうと何も考えないんですが、同じマンガ好きに出会えたことは大きかったかもしれません。

私の喪失《そうしつ》を止めたもの

――『一瞬《いっしゅん》と永遠と』では、萩尾さんが17歳のとき手塚治虫《てづかおさむ》さんの『新選組《しんせんぐみ》』を読んで「私の喪失を止めるものにめぐりあった」と感動し、マンガ家を目指されたと書かれています。萩尾さんが「喪失」していた中身はなんだったのでしょうか？

萩尾　自分が好きだと思ったことをずっとダメだと言われていたことじゃないでしょうか。当時の学校は今よりも画一的な教育でしたし、なにより母が教育ママでした。私は小さいころから絵を描くのが好きで、マンガも大好きだったんですが、母はまったく認めませんでした。母の考えを極端《きょくたん》に言えば「テストはいつも満点」「教科書以外は読まなくていい」「勉強さえできれば友だちはついてくる」というもの（笑）。

多くの人がどこかで学校や親との価値観のギャップを乗り越えるんだと思いますが、私の場合はそのギャップにすごく疲《つか》れていたんだと思います。

ですから、手塚治虫さんの『新選組』を読んだとき、なにか確実なものを手にいれた、と。『新選組』を読んでから、ずーっとそのことが頭と心から離れない。読み返すたび、思い返すたびにその読んだ感動が差し迫ってくる。こんな世界に私も行きたい、とそう思ったんです。

両親からはマンガ家になるのを反対された

――萩尾さんが育った福岡県大牟田市《おおむた》の炭鉱街では教育熱心な親が多かったと聞きます。炭鉱が廃《すた》れていくなか、多くの親は既存の学校教育に希望を見出し、若い世代は別の価値観を模索《もさく》していく、そんな時代背景とも関係していたのでしょうか？

萩尾　どうでしょうか、私は鈍感《どんかん》なほうだったので気がつきませんでしたが、当時は今よりも学歴が幅を利かせていた時代でした。私の父はすごく優しくて温厚な人ですが、学歴がなく不公平な扱いを受けていたことをよくこぼしていました。

ですから両親とも私がマンガ家になることには反対していました。両親からは、ずーっとマンガを「いつまで続けるの？」とか「まだ辞めないの？」と言われてたんです。

――萩尾さんのお母様が、マンガ家の仕事を認められたのは、「ゲゲゲの女房《にょうぼう》」を観たからだと聞きました。

萩尾　そう！　そうなんです。もう水木しげるさんには感謝してます（笑）。とはいえ、母は私のマンガを全部そろえていますし、来訪した友だちにも見せています。ただ本音は児童文学作家になってほしかったそうです。「児童文学作家になっていればお母さんも自慢《じまん》できたのに」とずっと言われていましたから（笑）。

萩尾さんがイグアナの娘？

――『イグアナの娘』は、イグアナの姿をしている娘と、その娘を愛せない母の物語です。萩尾さんが「イグアナの娘」だったんですね？

萩尾　そうなんです（笑）。両親とは大人になってからも、コミュニケーションが取れず、うまくいきませんでした。たくさんの心理学やカウンセリングの本を読みましたが、いまいち両親との関係ではピンとこない。

「ダメだな〜」と思っていたときに、ガラパゴス諸島の海岸に並ぶイグアナの映像を見たんです。私、ちょっとクセがあって、そういう静かな画面を見るとセリフをつけたくなる（笑）。

イグアナの吹き出しにつけたセリフが「人間に生まれたかったなあ」と。人間の受精卵《じゅせいらん》の発達段階ではイグアナに似ている状態があるそうです。もしも、その受精卵が、そのまま大きくなったら……、これはネタになると思って『イグアナの娘』を描きました。

両親とこんなにも意見がちがうのは、私が宇宙人とか、イグアナとか、なにかそういうものだからなのかもしれない。親のことは理解できないものとして考えようと思ったんです。

――不登校も本人からすれば急に自分が「イグアナ」になってしまうようなものです。今までと変わらない自分が、不登校を境に突然、異物の存在になってしまうわけですから。

萩尾　政府は定期的に「子どもの個性を大事に」とか「生きる力が大事」など、手を変え品を変えてメッセージを発信していますが、実際には「みんなと同じように」という昔から同じメッセージを発信していると思っています。

そういう国や親からのメッセージに対して、「なんかちょっとちがうんだけど」と思いながらも、その「ちがい」を消化できずに苦しんでいる子どもは多いと思います。老人と病人と子どもは社会のなかで後回しにされる存在ですが、とくに子どもは訴《うった》える場所がありません。

本当に不登校の子はたいへんだと思うんですが、なにか自分の好きなもの、大切なものを見つけられたら、つらいときもそれが支えてくれますし幸福になれると思うんです。

描いても描いてもボツになった

――萩尾さんにとってはそれがマンガだったと思うのですが、マンガは萩尾さんをどう支えたのでしょうか？

萩尾　手塚治虫さんの作品はずーっと読んで感動していました。その感動が『新選組』で爆発してマンガ家を目指しました。でも、やっぱりプロの世界って厳しいんです。デビューはうまくいきましたが、その後は描いても描いてもボツ。編集者は口をそろえて「おもしろくない」と。

あまりにもボツが続くとさすがに自分が揺《ゆ》らいできます。そのときに『新選組』に戻っていくんです。あの感動、あの心に響《ひび》いたものはウソじゃない。私が「これだ」と思ったもの、「おもしろい」と思ったものはたしかなものなんだ、と。だから編集者が「おもしろくない」と言うのは私の表現力がないから、そう思えたから迷わずにやってこれました。

――**最後に不登校の子を持つ親御《おやご》さんにメッセージをお願いします。**

萩尾　親御さんは本当にたいへんだと思います。私はみなさんよりもきっと年上ですが、実際に子どもを産んだことも育てたこともありません。猫は育てたことがあるんですけど（笑）。

だから、実際に親御さんのご苦労や心配なことはわかりません。ただ、親御さんも好きなことと大切なことを見つけていければきっとそれが支えになるんじゃないかと思います。

もし心配があったら他人に打ち明けるといいのではと思います。10人に打ち明けて10人ともわかってくれなければ、別の10人というかたちで打ち明けていく。どこかでわかってくれる方と巡《めぐ》り合えるでしょうし、聞いてくれるだけで肩の荷が下りるんじゃないかと思います。

学びとは「不全感」より始まる

内田樹

聞き手＝子ども若者編集部・新聞社理事

内田樹(うちだ・たつる)

1950年、東京生まれ。哲学研究者、思想家、武道家。著書に『ためらいの倫理学』『街場の教育論』『下流志向』『日本辺境論』など多数ある。また神戸市で武道と哲学のための学塾「凱風館」を主宰している。

――不登校・ひきこもりについてどう思いますか?

内田　今の時代だとしょうがないんじゃないかな。僕が今の時代の子どもだったら学校に行ってないですね。つまんないから。

僕も高校を途中で辞めたんです。でもなんで辞めたのか、今でも理由がよくわからない。とにかく急に辞めたくなっちゃった（笑）。

一つには満員電車に乗るのがイヤだったんですね。何千人もの人が同じ電車に乗って、同じ方向に向かっていく。そのなかに自分がいるというのがガマンできなかった。これに耐《た》えると生き物としてダメになる、ここはガマンしちゃいけない、そういう身体的な直感に従いました。でも今になって思えば、それでよかったんだと思います。

情報の7割は皮膚《ひふ》から入ってくる

内田　ただ、僕は学校と家から「街へ出た」のであって、ひきこもったわけじゃない。

10代の少年の身体的直感が「家の中にこもる」という選択をするということは僕にはよくわからないです。家の中にいるというのは、身体を使わないということですよね。生物としての生きる力を高めたいと思うなら、できるだけ外に出たほうがいい。

部屋にこもってネットをやったり、本を読んだりしているだけだと、情報入力が視覚と聴覚だけに限定されてしまう。でも本来、外から入ってくる情報の7割くらいは皮膚からなんです。

たとえば、人の動線をふさがないように立つとか、電車の中で座るときには等間隔《とうかんかく》になるようにするとか、そういうことは頭で考えてやっているわけじゃない。まわりの人たちが発信する微細《びさい》なシグナルを感じながら皮膚感覚的に情報処理している。この無言のコミュニケーションが生物の基本機能なんです。

ゾウリムシのように、視覚も聴覚もないけど触覚《しょっかく》を使って生きている生き物はたくさんいるでしょう。それだって自分を捕食《ほしょく》しにくるものと、自分の餌《えさ》になるものの区別はできる。誰が自分を「食い物」にするのか、何が自分の「滋《じ》養《よう》」になるのかは、生身を外界にさらして、皮膚感覚を活用しないとわからない。皮膚感覚を最大化して生きないと、生き物としての機能が劣化《れっか》してしまう。
ところが、学校教育においては、こうした生き物としての「生きる知恵と力」は、ほとんど評価されません。重視されているのはテストの設問に適切に答えられるかどうか、100メートルを何秒で走れるか、そういう数値的に考量《こうりょう》可能なものだけです。子どもたちの潜在的《せんざいてき》資質のうち99パーセントは評価対象外です。それでは、子どもたちは資質を開花させるチャンスがない。

――学校に行かない子だけではなく、行っている子も苦しんでいるわけですね。

内田　そうです。今の学校のシステムや価値観に適応しようとすると、「こんなところにいたらダメだ」という生き物としてのアラームが鳴るはずなんです。けれどもそれをガマンして学校に通い続けると、それだけで生物として弱くなる。「前門《ぜんもん》の虎《とら》、後門《こうもん》の狼《おおかみ》」ですね。部屋にこもっていても衰《おとろ》えるし、学校に行っても衰える。それ以外の道を探るしかない。

育つ場は温室でいい

——学校と家以外の場所で生きるときに、なにを大事にしていけばよいのでしょう。

内田　生き物としての感覚だと思います。「深く呼吸できる」とか「ごはんがぱくぱく食べられる」とか「よく寝られる」とか、それが可能な環境のなかに自分を置くことです。それが第一です。

だから、僕は「学校は本来、温室であるべきだ」という立場なんです。子どもたちが身体をのびのび開いて、深く呼吸ができ、おいしくご飯が食べられ、皮膚感覚の感度を最大化できるためには、「ここでは何をしても誰もあなたを傷つける人はいない」という保証が必要なんです。

子どもたちはまず「温室」で育てる。そして、生き物としての力の基本を養ってから、初めて自分を包み込んでいる枠組《わくぐ》みを超えて、外へ出て行く。それが成熟の契機《けいき》であり、そこから学びが始まります。

不全感こそ学びの始まり

——成熟の契機とは具体的にはどのようなものですか？

内田　「自分は未熟だ」という不全感です。自分の無知や幼児性が自分の成熟を妨《さまた》げているのではないかという漠然《ばくぜん》とした不安です。そして「このままでは子どものままだ。誰かに導いてもらわないと大人になれない」ということがわかる。子どものころから親しんできた自分の考え方、感じ方をどこかでリセットしないと、先に行けない。この不全感、危機感から学びが起動します。

自分の未熟さに苦しんでいる人間だけが導き手（メンター）に出会うことができます。その出会いによってこれまでの価値観・世界観がいったんリセットされて、ブレイクスルーが起こる。学びはそうやって起動するのです。

——ということは、学校に行っていない人でも「学び」は可能なんですね。

内田　そうです。じつにさまざまなきっかけで「学び」は起動します。学校という仕組みに合わない人は当然います。そういう人のために、学校以外の学びの場が用意されていなくてはならない。この僕が主宰《しゅさい》している道場もそのようなオルタナティブの一つです。

武道の道場では年齢や職業はいっさい問いません。とくに僕がやっている合気道には試合がないので、他の人との相対的な優劣や強弱や巧拙《こうせつ》は論じない。競争も格付けもしない。ただ自分自身の生物としての強さを高めていく。それは他人と比較《ひかく》するものじゃない。

でも、学校ではつねに相対的な立ち位置がうるさく問われる。クラス内でのランキングや、どういう「キャラ」を演じなければいけないのかをいつも気にかけていないといけない。自分自身の成長なんか見つめている暇《ひま》がない。だから、「学校より道場のほうがずっと楽しい」という子どもがいっぱいいます。

何千年も前から「学びの場」は存在した

――私は塾《じゅく》の講師をしています。私が接している子どもたちは、「先生、この知識は何の役に立つんですか?」と聞いてくるんです。どう返答したらよいのでしょうか。

内田　「君たちにはわからない」でいいじゃないですか（笑）。10代～20代の子どもに世の中の仕組みなんてわかるわけない。たとえば、なんで「学びの場」があるのかなんていきなり訊《き》かれたら誰も即答できない。でも、何千年も前からあらゆる社会に「学びの場」は存在した。学校教育に類するものを持たなかった社会は存在しません。

文化人類学者のレヴィ＝ストロースは、親族や交換や言語や教育や医療《いりょう》といった人類史の黎明期《れいめいき》から存在する制度の起源は「闇《やみ》に消えている」と言いました。人間がなぜそういう制度をつくったのか、理由は誰も知らない。そういう制度を持ったものを人間と呼ぶ、と言うしかない。

「なぜ言語があるのか？」という問い自体が言語なしでは発することができないように、「この知識が何の役に立つのか？」という問いは「知識とはなにか？」「有用性とはなにか？」という、より根源的な問いに差し戻されます。そして、それらの問いには誰も即答できない。

「なぜ学びの場があるのか」という質問には誰も即答できない。答えを求めて、長い時間かけて悩むしかない。それでいいんです。

「理解できない」が求められる

——私は子どもに対して高い要求を突き付けて、支配的にふるまうような親のもとで育ちました。私は20代でひきこもったのですが、親の影響《えいきょう》もあったと考えています。

内田 そうでしょうね。親が子どもを壊《こわ》すとき、たいていの親は子どもを「シンプルなストーリー」にはめ込もうとする。実際には子どもは極めて複雑な仕組みを持った生き物です。複雑な生き物を単純な鋳型《いがた》にはめ込もうとすれば、子どもは生き物として激しく反発する。当然のことです。

よくあるのは、子どもがいずれ自分で気づくべき欠点を、先まわりして言ってしまうこと。親から「あなたはここがダメだ」と言われると、それによって自分の可能性が限定されてしまう。たしかにそういう欠点があるんだけれど、それは裏返せば独特の個性であり、強みでもあるわけです。でも、決めつける親は子どもを「わかりやすい単一のキャラクター」に押し込もうとする。そして、親に認知されないような人格的要素はどこにも居場所がなくなってしまう。

子どもを型にはめて決めつける親は、「うちの子のことはなんでもわかっている」と思いたいのだと思う。でも、そんなことありえないんです。生命体には無数の未知の部分がある。親が子どもを理解したなんて思うのは傲慢《ごうまん》です。そもそも、子どもは親に理解されることなんて望んでいない。子どもが望んでいるのは、親にも子どものすべては「理解できない」という事実そのものなんです。

人間は誰でもミステリアスな存在です。だから僕たちが他者に求めるのは、「あなたにはああいうところもあるし、こういうところもあるし、まったく理解も共感も絶したところもある」という中立的な構えなんです。そのうえで一種の敬意と好奇心を持って接してもらうことを望んでいる。

子どもが親に望んでいるのは愛情よりもむしろ敬意だと僕は思います。敬意を「距離《きょり》」と言い換えてもいい。親が子どもを「未知なるもの」と認めて、少し遠い距離から、まぶしげに見つめるというような扱《あつか》いのほうが子どもとしてはたぶん居心地がいいんです。

世の中は劇的には変わらない

――親が一元的な見方をするのは、社会全体が一元的な評価をするからだと思います。では、私たちはこの社会にどんな希望を見出せばいいのでしょうか。

内田 世の中はそれほど劇的に変わるとは思わないんです。あっちに行ったりこっちに行ったり、ふらふらしながらより適切なものを目指して変化する。人間の知の総量は変わらないし、愚《おろ》かさの総量も変わらない。

学校教育も今が一番ひどいときだと思いますが、ここまで行っちゃったらもうこれ以上悪くなりようがない。かならずどこかで補正の動きが出てくると思います。

実際、僕の道場やオルタナティブスクールのような、格付けも競争もしない場所が同時多発的に発生してきています。今の市場化傾向《けいこう》も行き着くところまできましたから、これからかならず揺《ゆ》り戻しが来ると思います。

――振り子作用のようなものが社会にはあるということですか。

内田 社会が持っている毒の総量は変わらないんです。どんなに社会システムをしっかり設計しても、有毒な情念とか暴力性とかルサンチマン（弱者が強者に抱く恨みや妬《ねた》みの感情）などは残っていく。

　そして、社会が少しの毒も許さないような窮屈《きゅうくつ》な社会であればあるほど毒は滞留《たいりゅう》して、どこかの段階で社会を壊すような形で噴出《ふんしゅつ》する。そして、そのあとはしばらく収まるんです。


――昔は祭りとかで、そういったもののガス抜きをしていたのでしょうか。


内田　そうですね。前近代の社会のほうが人間の持っている潜在的な暴力性とか邪悪《じゃあく》さとかについての技術的な知はずっと豊かだったと思います。それは言い換えれば、「人間というのは怖いものだ」という実感があったということです。人間の邪悪さは技術的に、定期的に処理して毒性を弱めなければいけないという前提のもとに社会が制度設計されていた。

　でも、今はちがいます。人間に対する畏怖《いふ》の念がない。人間を軽く見ているから、リリースされない毒が社会の暗部にどんどん溜《た》まり込んでいる。今の安《あ》倍《べ》政権は戦後70年間の平和と繁栄《はんえい》が溜めこんだ毒そのものなんですよ（笑）。

　毒を溜め込まないためには、社会システムのなかに空気穴のようなものがたくさん開いていて、邪悪なもの、暴力的なものが自然に抜けていくようなつくりのほうがいい。社会は緩《ゆる》いつくりのほうがずっと住みやすいんです。

好きなことを通じて、友だちと出会えた

語り手＝19歳男性　聞き手＝編集部スタッフ

——不登校のきっかけはなんだったのでしょうか？

理由として一番大きかったのは「てんかん」という病気になったことです。ほんの一瞬《いっしゅん》なんですけど、意識をフッと失うんです。意識が戻ると、汗《あせ》だくだし、悪夢を見た後のように気分が悪くて。意識が消失していることに最初は僕自身も気づいていなかったんですが、あるとき、親の目の前でそれが起きました。これはおかしいということになり、原因を探るために病院へ通ったりしました。中学2年生のときです。

その疲《つか》れがたまったせいか、別の病気にかかって、1カ月くらい入院することになりました。学校を1カ月も休んでしまうと、授業だけじゃなくて、友だちとの話題にもついていけなくて。それでもなんとかがんばってお昼ごろから登校するわけですが、「何で昼から来るんだよ」とからかわれることもありました。

直接言われたわけじゃないんですが、そういう話って、どうしても耳に入ってきちゃうじゃないですか。そういうことがいろいろ重なって、中学3年生の6月から本格的に学校に行かなくなりました。

――高校受験は？

じつは、中高一貫校《いっかんこう》に通っていたので、エスカレーターで高校には上がれたはずなんですけど、休みが多くなってしまったせいか、「高校には行けません」と学校から言われたんです。そのころには「てんかん」に合う薬も見つかったので、地元の公立中学校に転校することにしました。まずは自宅できちんと療養しようと。ただ転校はしたものの、中学校にはほとんど通いませんでした。行ったのは、卒業証書をもらいに行った時ぐらいです。

親の対応に救われた

――学校に対する苦手意識があったからでしょうか？

どうだろう、若干のトラウマみたいなものはあったかもしれないですね。学校に行かなくなったのは体調を崩《くず》したことがきっかけでしたけど、決定打になったのはまわりの対応だった気がします。

大ざっぱに言ってしまうと「学校って優しくないな」と思っちゃったんです。仲のよい友だちもいましたけど、学校を辞めようと思った際、そこに未練を感じなかったのが楽だったのかなと思います。

楽だったという意味では、親の対応でも救われていたと思います。学校に行かないことに強く反対されることもなかった。だから、僕の場合、不登校というより、「学校を辞めちゃった」というほうが、自分の感覚にしっくりくるんです。

フリースクールでの日々

――それからは現在までフリースクールですごしているのですよね。

出かけることも、人とコミュニケーションをとるのも、もともと好きだったので、自宅療養中《りょうようちゅう》はいつもヒマを持てあましていました。それで、母が見つけてくれた「東京シューレ」に通い始めることになりました。

フリースクールに通うようになってから知ったんですが、ログハウスを建てたり、オーロラを見るためにアラスカ旅行をしたり、子どもたちが中心となっていろんなことをやっているんです。学校に行っていると、1日の大半を学校に取られちゃうけど、フリースクールならば時間は山ほどある。それだったら、僕も何か大きなことをやってみたいなと思って計画したのが、2015年の夏に行った伊豆大島《いずおおしま》の旅行でした。

誰もが参加しやすいように旅行費用をおさえつつも、いろんなことが経験できる場所はないかと思いあれこれ探しました。場所は伊豆大島に決まったんですが、最終的に50人近くが参加する大所帯になっちゃって。こんな大規模な旅行になるとは思いませんでしたが、いろんな人に助けてもらって何とかやりくりできたのは、一つの自信になったと思います。

——将来について何か考えていることはありますか？

具体的な進路とか、これといって何か決まっているものはないんですが、じつは来週から車の免許《めんきょ》を取りに行こうと思っています。伊豆大島の旅行が終わってから続けていたアルバイトで軍資金も貯まったので、今のうちに取ってしまおうと。それ以外で言えば、8月に行なわれる「夏の全国子ども交流合宿」の実行委員長をやることくらいかな。

——具体的にどんなことをやるんでしょうか？

今回、僕は「出会い」をテーマに掲《かか》げていろいろ企画《きかく》しました。なかでも力を入れたのが、「ゲームコーナー」です。「ゲームコーナー」は、不登校関連のイベントだとかならずあるし、参加者も毎回すごく多いんですけど、ずっと気になっていることがあります。テレビゲームでもカードゲームでも、顔見知りどうしでしか交流してないなということです。

せっかく全国から集まってくるのに、それはもったいないと思うんです。ふだん接点のない子どもたちどうしが交流しあうための取っ掛かりになるようなことが何かないかなと思って、今回企画したのが、「出会いバッグ」です。無地の白いバッグを参加者に配って、そこには自分の名前のほかに、好きな漫画《まんが》とかゲームとかを書いてもらう。ゲームしている横にそのバッグがあると、「この子、このゲームが好きなんだ」と一目でわかるじゃないですか。初対面の人に「何が好きなんですか?」と話しかけなくていいだけでも、話の取っ掛かりとしてだいぶハードルが下がると思うんです。

好きなものの趣味《しゅみ》が合うと、それだけでうれしいじゃないですか。そういう雰《ふん》囲気《いき》をつくれば、おたがいに自然と話しかけやすい場になるんじゃないかなと思っています。

一歩踏み出したら、友だちと出会えた

――そこにはご自身の体験が関係しているのでしょうか？

そうですね。学校に行かずに家にいたとき、遊戯王《ゆうぎおう》のカードゲームにハマっていたんです。こういうカードゲームは、近所のカードショップなんかでよく大会が開かれていて、僕もよく参加していました。

そこで出会うのは、ほとんど年上の人なんです。大学生だったり、社会人だったり、そういう人たちと話をする機会は学校にはまずなかったし、すごく新鮮《しんせん》でした。じつは、そのころの友だちとは今でも付き合いがあるんです。そういうふうに好きなことを通じて、今でも付き合いのある友だちと出会えたのはよかったなと思います。

夏合宿では、参加してくれた人たちに、友だちをつくってもらえたらと思っています。僕自身、学校に行かなくなった当初は、電車やバスに乗るのが怖かった時期がありました。でも、一歩踏み出してみたら、自分が好きなカードゲームを同じように好きだという友だちができたわけです。

伊豆大島の旅行を計画したときだって「それ、いいね」と言ってくれる人がま

わりにいたから形になったんだと思うんです。そうやって、自分が好きなものを共感してくれる人たちとの出会いに恵《めぐ》まれたことが、自分にとってすごく大きかったんじゃないかと思うんです。

不登校のイベントと聞くと、まだまだ暗いイメージを持たれてしまう部分もあるかもしれないけど、そういうのを少しでも払拭《ふっしょく》できるくらい、楽しいイベントにしたいと思っています。いつもとちがう新しい場に行ってみることで、いつもとちがう新しい友だちをつくってもらえたらなと思います。

東大生も不登校生も悩みの根は同じ

安冨歩

聞き手＝子ども若者編集部

安冨歩（やすとみ・あゆみ）

1963年、大阪生まれ。東京大学東洋文化研究所教授。「自分は男性のフリをしている」との思いから、2013年より「女性装」を始める。執筆・講演活動のほか、絵画、音楽などの分野でも幅広く活動。著書に『ありのままの私』など多数。

――安冨さんは著書で「人は、自分自身でないもののフリをしているからつらくなるんだ」と指摘《してき》されています。なぜこのような指摘をされたのでしょうか？

安冨 「自分自身になる」というのは、いわゆる「自分探し」のことではないんです。「自分探し」はするだけムダです。なぜなら自分というのは原点みたいなものだから、それを探すっておかしいんです。「あなたは誰を探しているの？　あなたでしょ」って（笑）。

そもそも人は自分自身以外のものにはなれない。もうすでに自分自身なんです。でも多くの人は、想像力によって「自分じゃないもの」になりすましています。それをやめればいいだけなんです。しかし、これがなかなかやめられないんですよね。子どものときから「親」に仕込まれているから、やめたくてもやめられないんです。

たいていの人は、現代社会のシステムに適応しているから「親」になれるんです。そしてシステムに適応している人が子どもを産むから、その子もシステムに適応させようと思う。たいていの場合、それが子どもの苦しむ原因です。不登校やひきこもりといった現象は、「親」から押しつけられたシステムに子どもが適応を拒絶して生じると考えています。

戦っているのは私の〝ポケモン〟

――安富さんも親からの抑圧《よくあつ》があったんですか。

安富　ありました。私の場合は、親が適応させようとしたシステムに見事にはまって、京都大学に行き、一流企業に就職しました。でも、京大に合格しても一流企業に就職しても、全然うれしくなかったんです。どうしても入りたかったのに、いざ合格したら「やれやれ」みたいな感じで。

なんでうれしくなかったのかというと、そのときの私が「自分自身」ではなかったからですね。私じゃない奴がいくら成功したって、私はうれしくないんですよ。

ゲームの「ポケットモンスター」ってあるでしょ。受験や就職で戦っていたのは、私じゃなくて私のポケットモンスター（社会に適応するためにつくられた自分）だったんです。成功しても、それは私ではなく私のポケモンが成功してるだけなので、うれしくないんです。私だけでなく、ほとんどの人がそうなんです。子どもは親のポケモンだし、戦っているのは、その子自身のポケモンなんです。だからこそポケモンはあんなに人々を惹《ひ》きつける。

不登校・ひきこもりを生きる、というのはたいへんな苦悩を伴いますが、じつは私が教えている東大生も、内面の苦悩は、ほとんど同じだと感じています。前者は「自分自身じゃないもの」になろうとしてなれずに苦しみ、後者はなりきって苦しんでいる。でも「自分自身じゃないもののフリ」をすることをやめないかぎり、自分の人生は始まらないんです。

東大生はシステムに順応して、人生を成功させちゃっているから、「自分はおかしい」と気づきにくいんです。その点、不登校やひきこもりの人は「ポケモンのまま生き続けるのは無理！」という状態ですね。だから自分自身に戻ってくる可能性が高く、それだけ健全だと思います。

――自分自身に戻れるとしても、世間はポケモンのまま生きることを求めますよね。世間に抗《あらが》って自分自身になっていくのは苦しい戦いだと思います。

安冨　抗う必要はないんですよ。ただ「こいつらはポケモンだ」という事実を認識すればいいんです。「こいつらはおかしい」と思えたらそれでいい。でも「私のほうがおかしいんだ」と思ってるうちは苦しみが続くと思います。

どう考えてもポケモンのままで生きているほうがおかしいんです。不登校やひきこもりを生きる人はそれに拒否反応を示したわけだから、まともなんです。

必要なのは「最低限のお金」と「友だち」

安冨　自分自身ではない状態でいるということは、動物で言えば手足を縛《しば》るようなものです。犬とか猫に手足を縛って「戦ってこい」と言ってもムリですよね。自分自身の判断や感覚を信じないで戦っている状態はそれに近いわけです。

でも、ほとんどの人が自分を押し殺して戦ってしまっている。現代の社会システムのなかでは、人は自分自身を殺さないといけない。そうしないと生きられない社会になっています。

――そんななかで自分を見失わずに生き抜いていくにはどうすればいいのでしょうか？

安冨　「おかしい」と意識することです。システム全体が狂《くる》っていることを認識することが大事です。でも、そんなひどいシステムでも、それしかないから折り合いを多少はつけないと生きるための資源が手に入らない。どうやって最低限の折り合いをつけるかが問題です。

私はふたつのものが必要だと思います。「最低限のお金」と「友だち」です。まず、生きるうえで必要なお金が少なくてすむところに移動する。家賃が安いところや食料が手に入りやすいところに行って生活する。そのうえで、必要最低限の収入をなんとか手にいれる。そうすればとりあえず生きていくことができます。

そしてそれ以上に大事なのが、友だちをつくることです。友だちがいないと生きていくのは難しいです。少数でもいいから友だちをつくること。今はインターネットがあるから、つくろうと思えばどこにいても友だちをつくることができます。

「必要最低限の金」と「友だち」。このふたつがあれば、なんとかなる、というよりそれが人間が生きるということなのです。多くの人は、無意識に「自分のなかの最低限」を引き上げていってしまうので、ずっとお金が足りず、そのうえ、友だちがひとりもいません。

学校なんて行かなくていい

――自分自身を生きている人と出会うにはどうすればいいのでしょうか？

安冨　そういう人は不登校やひきこもりのなかにいます。それ以外で探そうとしても基本的にいないです。いたとしても、それは特別に優れた人。そんな人はなかなか見つかりません。

ほとんどの人は、狂ったシステムのなかで平然と生きています。たまに満員電車に乗ると「なんなんだ、これは」と恐ろしい気持ちになります。でもみんな平気で乗っている。平気なほうがおかしいんです。みなさんがふつうの人を見て、「なんであんなことができるの」と思ったら、それは正しい問いなんです。

――不登校の子や親にメッセージはありますか。

安冨　「学校なんか行くな、行かせるな」と伝えたいですね。なぜならあそこはものすごく危険で無意味な場所だから。意味のない情報を詰め込まれたうえに、友だちにいじめられて自殺に追いこまれたり、教師がセクハラしたり、えこひいきしたりする。なんでそんな危険なところに行かなきゃいけないんですか。

そもそも学校のモデルは軍隊です。明治のはじめに読み書きそろばんと国民意識を植えつけるために学校をつくった。そんなことをいまだに続ける必要ないでしょ、と思うんです。

学校へ行く意味は変わりつつある

安冨　昔は学校へ行かないと何も習えなかった。どこにも知識がなかった。本を読むだけでもお金がかかるので、学校にアクセスしたほうが効率がよかったんです。だけど時代が進むにつれて、本を自由に買えるようになった。さらに今ではインターネットがあるから、学びたいことを学びたいだけ、タダで学べる。そんな時代に学校に行く意味なんてそもそもないんですよ。

それに、知識というのは人に教えられて身につくものじゃありません。自分から学ばないと身につかないものです。「人に無理やり押しつけたって身につかない」、そんなこと、本当は誰もがわかっていることでしょう。だから不登校はまったく問題じゃない。「不登校が問題になる社会」のほうが問題なんです。

頭の力を抜いてごらん、君は生きている

小熊英二

聞き手＝編集部スタッフ

小熊英二（おぐま・えいじ）

1962年、東京生まれ。1987年、東京大学農学部卒業。出版社勤務を経て、1998年、東京大学大学院総合文化研究科国際社会科学専攻博士課程修了。現在、慶應義塾大学総合政策学部教授。著書に『社会を変えるには』など多数。

――不登校についてのお考えを聞かせてください。

小熊　まず学校の歴史をふり返ると、日本の場合は、1872年(明治5年)に学制発布《はっぷ》をして、現在とほぼ同じぐらいの学校を設置しました。それは諸外国を見ても、かなり強引なやり方で、学校の設置費や維持《いじ》費《ひ》は地元負担が原則でした。

当時の日本では、学校というのは村への出先機関だったんです。先生というのは、特権を持った存在であり、村の重要な行事は学校の校庭で行なわれるのが普通だったわけです。

そしてもう一つ、学校は軍隊の養成機関でもありました。西南《せいなん》戦争(1877年)のあと、明治政府はふつうの人間を徴兵《ちょうへい》しても身体的な訓練ができていない、と判断し軍隊式の体操を学校に持ち込みました。こうして西洋の近代化よりも急激に近代化を遂げ、識字率90パーセントを超えるなどの成功を収め、一方では近代化してしまった悲劇を生んだわけです。

いずれにせよ、政府は学校を規律訓練の機関として一貫《いっかん》して非常に重要な位置づけをしてきました。

学校という場が変わった

ただし、子どもにとって、学校という場はある時期まで苦痛を伴う場ではありませんでした。社会全体が貧《まず》しかった時代は、子どもは、学校に行けば家業を手伝わなくてよくなるので、学校を喜び、親は行かせたがらなかった。いまでも発展途上国に行くとそうです。

1950年代の日本、たとえば50年の乳児死亡率は全国平均で6パーセント、岩手県の町村部では10パーセントに上っていたわけですから、給食も喜んだ。ちなみにアフガニスタンの乳児死亡率は14・9パーセント（2000年〜05年統計）です。

こうした状況が逆転したのは高度経済成長期以降、子どもが働く必要がなくなった時期からです。1960年時点では高校進学率が57・7パーセントだったのが74年には90パーセントを超えた。このころから学校は目を輝《かがや》かせていく希望の場から、落ちこぼれるのがイヤだから行くしかないという場に変わったわけです。

ほとんどの人が行く学校になり、その直後から校内暴力が注目され、不登校が増えていく。非常に自然というか、あたりまえの話だと思います。

――「生きづらさ」など、漠然《ばくぜん》とした不安を感じている人が増えているように感じます。

小熊　これは日本にかぎったことではなく、近代化した社会では人間は、ある程度の不安を抱え込まざるをえません。人間は、どんな人間でもいずれ衰《おとろ》えて死ぬことを知っている動物です。そのむなしさは一生の課題なんです。

もう一つ、資本主義社会では、お金をもうけなければならないという強迫観《きょうはく》念があり、それをもって人間の尊さを埋《う》めなければならない、という価値基準ができあがってしまった。これが非常に大きいわけです。

「不幸」も変わってきた

小熊　日本の社会にかぎっていえば、高度経済成長期に一つの変換点があり、２０００年代にもう一つの大きな変換点がありました。

60年代の学生運動のとき、20歳で鉄道自殺した高野悦子《えつこ》という立命館《りつめいかん》大学の学生がいました。彼女の日記『二十歳の原点』を読むとしょっちゅう自傷行為《じしようこうい》をし、「流れる血に自分の存在を感じる」という趣旨《しゆし》のことを書いているんです。いまの子たちもほぼ同じようなことを言っています。

私は高度経済成長期末期の1968年~71年ぐらいを「近代的不幸から現代的不幸への移行期」と考えています。不幸というのは生きづらさともいえる。日本が発展途上国から先進国へ脱皮《だつぴ》するとき、戦争、飢餓《きが》、貧困《ひんこん》といったわかりやすい近代的不幸から、「自分の存在が確認できない」「アイデンティティーがたしかめられない」「生のリアリティを保てない」という現代的不幸へと移っていったと思っています。

こうした状況を年長者たちは理解できませんでした。「なぜこんなに平和で豊かなのに文句を言うんだ」と。けれども、当時の若い人たちは、「その平和と豊かさが問題なんだ」と反発したわけです。

しかし自分たちの心情を表現する言葉がなく、マルクス主義の言葉を使い、ゲバ棒を持って機動隊とぶつかり、バリケードをつくって解放区をつくってきた。そうすると生きている気がしたわけです。

有名な逸話《いつわ》としては、学生運動の口火となった67年10月の第一次羽田《はねだ》事件（当時の佐藤栄作《えいさく》首相による東南アジア各国の訪問を阻止《そし》しようとし学生と機動隊が衝突《しょうとつ》した事件）の際、学生側では「機動隊の前にわれわれの実存をさらすんだ」というアジテーション演説が行なわれたそうです。これには60年安保《あんぽ》の活動家たちでさえ「こんなアジは聞いたことがなかった」という感想を述べていました。

その後、学生運動は鎮圧《ちんあつ》され、現代的不幸、豊かさのなかの不幸だけが残りました。ただし、いま若い人が「豊かさのなかの不幸」と言われても違和感《いわかん》を感じるでしょう。

「個性を磨《みが》く」風潮になった

小熊　1991年以降、日本の経済成長が止まり、グローバリゼーションの進展とニューエコノミーの浸透《しんとう》で雇用《こよう》のあり方も変わって、2000年代に入るころから「中流崩壊《ほうかい》」「格差社会」といった問題が指摘《してき》されました。この間の経緯《けいい》を見ると、最初に注目をされたのは中高年のリストラによる自殺問題です。それが98年ごろですね。

次に2003年ごろから若年雇用の問題が注目されました。03年の規制緩《かん》和《わ》、04年の製造業に対する派遣《はけん》解禁が、その一因になったと思いますが、このころが変換点だったと思います。

つまり、60年代以降から出現してきた「リアリティの希薄《きはく》さ」などに加え、格差などによる「貧しさ」という問題が加わってきたというのが、日本の現状じゃないかと思うんです。

――「自分らしくありたい」という希望を持ちながらも、それが無言の重圧になっている人も多くいます。

小熊　文部《もんぶ》科学省ですら「生きる力」などと言い始めて、全体として「個性を磨く」風潮になったのが90年代末からでしょう。

個性化や多様化という言葉は、昔から政府が人間をより分ける常套手段《じょうとうしゅだん》として使われてきました。1950年代ぐらいの日教組《にっきょうそ》（日本教職員組合）と文部省の対立を見ると、文部省が「選択肢《せんたくし》」「多様化」を提案し、日教組が普通学校への統一、あるいは高校全入運動などをやっていました。文部省のいう「多様化」は、ようするに頭の悪いやつは大学へ行かずに働けばいいんだ、ということです。

ですから、「統一」と「多様化・個性化」にも見られるように、体制側の言葉と抗議《こうぎ》する言葉は、表裏の関係、よく入れ替わります。

就活がダメでも、あなた自身の価値は変わらない

小熊　戦前から戦後しばらくは「統一」や「単一民族」という言葉は少数派の意見でした。そこには「みんなが一つになる」、つまり「平等化」「貧困をなくせ」という意味が込められ、ひいては「統一された民族によるアメリカ帝国主義からの独立闘争《とうそう》」が主張されたわけです。この時代における「多様化」は政府がいうことでした。

日本が朝鮮《ちょうせん》・台湾《たいわん》などを含む多民族帝国だったとき、国定教科書には「国民」

の３割が非日系であることが明記されていました。しかも、天皇家にも朝鮮系の血統が流入していると強調しつつ、だからこそ朝鮮・台湾は日本に融合《ゆうごう》同化できると主張していたわけです。「単一民族」論が保守派から主張されたのは植民地を手放した戦後のこと。とくに高度成長によって格差が縮小し、日本国民に均一な生活様式がゆきわたるようになった60年代から、「日本は単一民族の国である」と言われるようになりました。

70年～80年代以降、市民側は「単一民族」論や画一化を批判して、「個性」「自由意志」「選択肢」の尊重を体制側に主張した。ところが90年代末ぐらいから文部省が「いいでしょう。画一化をやめて自由選択、自己責任でいきましょう」と言い出し、言葉の表面上はシンクロしてしまった。そこで次の異議申し立てのボキャブラリーが出ていないのが、現状ではないでしょうか。

――今後、どんなキーワードが若い人の支えになっていくのでしょうか？

小熊　難しいですね。問題点の一つは、日本を含め資本主義による近代化が進んだ先進諸国では、収入や学歴といった本当に狭《せま》い価値基準だけで自己肯定感《こうていかん》を測っていることにあると思います。とくに日本では、対人コミュニケーション能力まで就職面接などで査定されてしまう。就職活動に落ちて伏《ふ》せている学生を見ると「気持ちはわかるけど不合格でも、あなた自身の価値は変わらないんだよ」と言いたくなります。

思い出してほしいのは落語

小熊　落語の世界に出てくるレギュラーメンバーなんて、近代的価値基準からすればカスみたいな連中ばかり(笑)。熊《くま》さん八《はっ》つぁんは貯蓄《ちょちく》をする気もないし、横町のご隠居《いんきょ》は人生訓をたれるだけで労働力にならない。究極《きゅうきょく》に無価値なのは与太郎《よたろう》。働かないし何をやっても失敗する。でも与太郎は、ちっとも自分の存在価値についてなんて悩んでない(笑)。

もう一つ、山田和《かず》さんが書いた『インドの大道商人』に紹介《しょうかい》されていた話。山田さんが近代化があまり進んでいないインドの田舎《いなか》で写真を撮《と》っていたとき、子どもたちから「下半身のないやつに会わせてやるよ」と声をかけられた。しばらくして台車に乗った子が手をふってやってくると、たしかに下半身がない。

山田さんは「この子を撮っていいんだろうか」と悩む。ところが、本人はコンプレックスに感じているようすもなく、まわりもあいつは下半身がないやつだとしか思ってない。あまりにも、その子が笑顔で「写真を撮ってよ！」と言うから、仕方なくシャッターを切ったそうです。

誰だって、ただ生きてるだけで無価値じゃないんです。今後、どんなキーワードが生きづらさ、現代的不幸に響《ひび》くのかはわからないし、万人に受ける言葉もありません。ただ、私があえて言う言葉があるならば「頭の力を抜いてごらん、君は生きてるでしょ」と。私ならば、それがいいですね。

茂木健一郎

「不登校大学」（フリースクール・東京シューレ30周年記念事業）の講演より

脳には個性があり、その差に上下はない

茂木健一郎（もぎ・けんいちろう）

1962年、東京生まれ。東京大学大学院理学系研究科物理学専攻課程終了。専門は脳科学、認知科学。2005年に『脳と仮想』で小林秀雄賞、2009年に『今、ここからすべての場所へ』で桑原武夫学芸賞を受賞。

私はある時期、「学校に行かない夢」をよく見ました。夢のなかでは何カ月も学校に行っていない。「出席日数が足りない、学校に行かなきゃ」と思って恐怖心で目覚める。そういう夢です。

組織や、肩書《かたが》きに頼る時代ではないと思って、そう生きてきました。そんな私でも、どこかで「普通」の生き方をしなくてはならないという無意識の圧迫《あっぱく》があって、それが夢というかたちで表れたのでしょう。

まあ、とにかく生活スタイルが変わり、「きちんと生きていない」という焦《あせ》りがあるのか、無意識に世間からの圧迫感を感じていたのでしょう。それが夢にまで現れた。大人の私ですらそうなのですから、不登校の人が感じる圧迫感はたいへんなものだろうと想像しています。

では、この不登校、どう捉《とら》えたらいいのか。

脳科学の見地から言えば「不登校は脳の個性である」というのが結論です。

毎日、学校に通っても苦痛を感じない個性もあれば、1日だって学校に行けない個性もある。脳には多種多様な個性があり、その差に上下はありません。

脳の個性は「トレードオフ」の関係

脳の個性は、ある部分が優れていれば、ある部分が劣《おと》っているというように「トレードオフ」の関係になっています。

たとえば私が親しくしている作家・林真理子《はやしまりこ》さん。彼女は人前で話すことは苦手ですが、書くことには非常に長《た》けている。このように長所と短所が〝ないまぜ〟になっているのが脳の個性であり、満点の個性というものは存在しません。

学校に通える個性がすばらしく、通えない人が劣っているなんてことはありません。もちろん、その逆もまたしかりです。

みなさんは「識字障害（ディスレクシア）」をご存じでしょうか。

識字障害の一例を挙げると、「p」「q」「d」「b」、この差が区別できない人が多いと言われています。つまり「dog（犬）」なのか、「bog（沼《ぬま》）」なのかが区別できない。これではたしかに日常生活でも困るでしょうし、教科書を中心とした勉強には、たいへん苦労するでしょう。

このディスレクシアで有名なのが俳優《はいゆう》のトム・クルーズ氏やヴァージン・グループ創設者のリチャード・ブランソン氏などです。

彼らは読み書きを得意としない代わりに、会話や他人との関係性を大事にし、その才能を開花させていった。そういうエピソードがたくさん残されています。裏を返せば、本が読める私たちはいかに他人の話を聞いていないか（笑）。「ハンディを克服《こくふく》して……」という話ではなく、個性をそのまま伸ばしていった例だと考えるべきでしょう。

自分の個性は誰よりも自分自身にわかりづらい

既存の価値基準だけに照らせば脳の個性に優劣《ゆうれつ》をつけられるかもしれません。しかし脳科学の世界では、もはや「ふつう」「正常」「異常」という言葉も使いません。脳の個性に上下はなく多様であるのが前提だからです。それは「かくあるべし」という意見でも、「こうあればいいな」という願望・希望でもありません。科学的な事実です。

教育の最終目標は、その子の個性を宝物として伸ばしていくことにあるべきです。一つの基準だけ、たとえば偏差値《へんさち》だけで子どもを推《お》し量《はか》ることなどストレスにしかなりません。

ところでみなさんは自身の個性をわかっていますか？

姿かたちの特徴《とくちょう》は鏡を見ればわかりますが、鏡には性格まで映りません。自分の個性というのは、誰よりも自分自身がわかりづらいものなんです。

大人ですらそうなのですから、子どもはもっとです。かくいう私も、なかなか自分の個性には気がつきませんでした。みなさんはもうお気づきでしょうが、私は「一人学級崩壊《ほうかい》」と言われるほど落ち着きがない（笑）。でも、これを認識したのは40代後半からです（笑）。

ヒントは他人が与えてくれる

ヒントは3回ありました。最初のヒントは小学1年生のとき。担任の先生が私の眼を見ながら「もう少しだからガマンして」と。どうやら、私、ものすごく動きまわってたみたいなんです。次のヒントは20代。おしゃれなレストランへ女性と行ったときのこと。彼女は「茂木くんといると恥《は》ずかしい」と言い残し、遠くに行ってしまった（笑）。どうやら、ここでも落ち着きがなかったようです。

最後のヒントは講演会でのこと。舞台袖《ぶたいそで》から演台に向かう十数歩のあいだで会場に笑いが起きてしまったんです。どうやら欽《きん》ちゃん走りみたいになってしまってた（笑）。ようやくこのへんで「もしかして、ふつうじゃないのか」と気がつくわけです。

こうしたエピソードはたくさんあるわけですが、重要なのは自分の個性を知るためのヒントは他人が与えてくれるということです。

脳の前頭葉《ぜんとうよう》には鏡のように自分と他人を映す回路（ミラーニューロン）があります。人は共感し合える友だちと向き合うことで、あるいは「あいつとは考えがちがう」という違和感を持つ人と向き合うなかで、自分自身の個性に気がついていくわけです。脳の個性は多様なので学びの場も多様であるべきですが、他人と出会い、たがいを尊重しあえるような環境は必要不可欠だと言えるでしょう。
もちろんその場は、いじめを受けるとか、行きたいと思えないとか、そういうストレスがない、ということが前提です。

安全基地をつくる

――他者と関わることでしか自分を発見できないという話もありましたが「社会や家族の輪から外れてひきこもることで自分自身を発見した」という話を当事者からよく聞きます。「底つき」とも言われていますが、なぜこうしたことが起こると思いますか？

茂木　それは「メタ認知」と言われるものでしょう。「自分を見つめること」と「他人の心を読み取ること」は脳の働き自体が非常に近いんです。つまり、はたから見れば一人きりだが、じつはその状態こそ、他者とつながっているために自分を発見する。そういう不思議な状態を「メタ認知」と言います。ただし、それを「底つき」と表現されているのは初めて知りました。非常におもしろい表現ですね。

——息子《むすこ》は不登校で不安のスパイラルに入っています。脱皮《だっぴ》するために親としてはなにができるのでしょうか?

茂木　一つ言えるのは「やりたい」と言ったときに、それを保障することです。逆に聞きますが、息子さん、なにかやっていることはありませんか?

——猫の散歩とかはしてますが、何かをやろうとする気力が全然見えないです。

茂木　それ、そのままでいいんです。丸ごと受けいれることです。お子さんの脳はさぼっているわけでも、わざとそうしているわけでもありません。なぜかわからないですが、そういう状況なんです。

まわりができることは安全基地（セキュア・ベース）をつくることです。児童精神科医ジョン・ボウルビィ氏は「人生に何度となく訪れる危機に立ち向かうためには心理的な安全基地が必要だ」と提唱《ていしょう》しました。戻ってこられる場がなければ、打って出られないのだ、と。安全基地は「絆《きずな》」によって生まれると言われています。たとえば親子、同じ経験を持つ人たちどうし、そこで生まれた絆が安全基地になるわけです。

息子さんは大丈夫です、いずれ状況も変わります。苦しい思いをした人ほど情熱的に生きる傾向《けいこう》があります。情熱は英語で「passion」、受難という意味を持った単語でもあります。昔のヨーロッパの人はなんとなくわかっていたんでしょう。苦しくてつらかった思いが、将来、情熱的に生きる貯蓄《ちょちく》になる。

実際、私のまわりにもそういう不登校経験者はたくさんいます。時間はかかると思いますが、焦らずに子どもの安全基地をつくってください。

おわりに

「不登校新聞」編集長　石井志昂《しこう》

最後まで本書をお読みいただきありがとうございます。

もしも本書を、学校へ行けない、行かない方が読んでいましたら、どうか信じていただきたいことがあります。それは「学校の外」にも魅力的《みりょくてき》な世界や人が広がっているということです。私自身はテレビや雑誌、インターネットの向こうに見える「楽しげな世界」は、自分とまったく無縁《むえん》のものだと思っていました。毎日毎日の学校がつまらなく、これが一生続くのかと絶望的な気持ちでいました。「楽しげな世界がある」ということはどうしても信じられないことでした。ところが不登校になって学校の外に足を踏み出してからは、さまざまな人に出会い、この世界は魅力に満ち溢《あふ》れていることを知りました。いま学校へ行けず、悩んでいる方には、この世界がもっと魅力的なことをどうか信じてほしいと思っています。

また、学校へ行かない方の親御さんが読んでいましたら、親御さんにも信じていただきたいことがあります。それは「迷い悩み立ち止まるなかで人は学んでいる」ということです。不登校をしているときは、勉強や部活といった学生生活が充分に送れません。そのため「なにもしていない」と周囲も本人も感じてしまうことがあります。しかし、けっしてそうではありません。私が出会ってきた当事者や子ども若者編集部メンバーは、不登校をきっかけに悩み、立ち止まるなかで自分自身と向き合っていました。みんな一生懸命《けんめい》に生きていました。自分の人生をいいものにしたい、自分の生きる意味を知りたいと必死でした。そうやって悩み迷うことこそ、本当の学びに直結していると私は信じています。

一点だけ補足しますと取材へ行くこと自体が「特別な学び」なのではありません。本当の学びは取材の前に、ひそやかに本人のなかで湧《わ》き上がっているはずです。そのことを信じていただきつつ、本書でちりばめられた二十名の方たちのメッセージを味方にしてお子さんと暮らしていただければと思っています。

最後になりましたが、取材させていただいたみなさん、装画をお描きくださった西原理恵子《さいばらりえこ》さん、ポプラ社編集部のみなさんのおかげで、本書をつくることができました。御礼を申し上げます。ありがとうございました。

初出一覧

「不登校新聞」の左記の号に掲載された記事を加筆修正し、書き下ろしを加え、書籍化しました。

樹木希林　400号（2014年12月15日）
荒木飛呂彦　305号（2011年1月1日）
柴田元幸　325号（2011年11月1日）
リリー・フランキー　300号（2010年10月15日）
雨宮処凛　400号（2014年12月15日）
西原理恵子　300号（2010年10月15日）
田口トモロヲ　284号（2010年2月15日）
横尾忠則　100号（2002年6月15日）
玄侑宗久　333号（2012年3月1日）
宮本亜門　458号（2017年5月15日）
山田玲司　370号（2013年9月15日）
高山みなみ　310号（2011年3月15日）
辻村深月　461号（2017年7月1日）
羽生善治　257号（2009年1月1日）
押井守　281号（2010年1月1日）
萩尾望都　401号（2015年1月1日）
内田樹　416号（2015年8月15日）
安冨歩　474号（2018年1月15日）
小熊英二　276号（2009年10月15日）
茂木健一郎　418号（2015年9月15日）
不登校経験者に聞く
466号（2017年9月15日）、445号（2016年11月1日）、462号（2017年7月15日）

全国不登校新聞社

1998年に日本で初めての不登校の情報・交流紙として「不登校新聞」を創刊。毎月2回、紙版とWEB版を発行している。「当事者の声に寄り添う」をモットーに、子どもに関わる問題やひきこもり社会のあり方について考えている。
http://www.futoko.org/

学校に行きたくない君へ

2018年8月2日　第1刷発行
2019年7月29日　第10刷

編者　全国不登校新聞社
発行者　千葉 均
編集　近藤 純・天野潤平
発行所　株式会社ポプラ社
〒102-8519　東京都千代田区麹町4-2-6　8・9F
電話 03-5877-8112（編集）
03-5877-8109（営業）
一般書事業局ホームページ www.webasta.jp

印刷・製本　中央精版印刷株式会社

N.D.C.371/255P/19cm/ISBN978-4-591-15966-8

P8008208